古文明浅读

发现古老的文明，探寻逝去的记忆，掀开古代世界神秘的面纱，带你领略几千年前古代人类的风采，充分了解人类无穷的智慧和叹为观止的成就……

文明史上的奇葩
古玛雅文明

盛文林◎编著

北京工业大学出版社

图书在版编目（CIP）数据

文明史上的奇葩：古玛雅文明／盛文林编著. —北京：
北京工业大学出版社，2014.1（2021.5 重印）
　（古文明浅读）
　ISBN 978-7-5639-3758-5

　Ⅰ. ①文… Ⅱ. ①盛… Ⅲ. ①玛雅文化－通俗读物
Ⅳ. ①K731. 2-49

中国版本图书馆 CIP 数据核字（2013）第 294944 号

文明史上的奇葩——古玛雅文明

编　　著：盛文林

责任编辑：李　光

封面设计：映象视觉

出版发行：北京工业大学出版社

　　　　　（北京市朝阳区平乐园 100 号　邮编：100124）

　　　　　010－67391722（传真）　bgdcbs@sina. com

出 版 人：郝　勇

经销单位：全国各地新华书店

承印单位：天津海德伟业印务有限公司

开　　本：787 毫米×1092 毫米　1/16

印　　张：11.5

字　　数：192 千字

版　　次：2014 年 1 月第 1 版

印　　次：2021 年 5 月第 2 次印刷

标准书号：ISBN 978-7-5639-3758-5

定　　价：28.00 元

前言

自 1839 年美国人约翰·斯蒂芬在洪都拉斯的热带丛林中第一次发现玛雅古文明以来，世界各国，尤其是欧美的学者对玛雅文明表现出浓厚的兴趣。这个神秘的民族在南美的热带丛林里建造了一座座规模令人咂舌的巨型建筑。当雄伟壮观的蒂卡尔城的电脑复原图展现在人们面前时，许多现代城市的设计师们也自叹弗如。这是一个极不平凡的民族。

古代玛雅人在人迹罕至的热带丛林中，缔造出了当时世界上领先的文明；而在不为人知的情况下，这一文明又莫名其妙地消失了。关于玛雅的文明太过于神秘了。以现在我们人类的智慧，究竟如何才能揭开它的真实面貌呢？

神奇的玛雅文明没有留下任何解释就匆匆落幕，消失在浩瀚的历史长河之中。唯有热带雨林中留下的足迹，向世人证明玛雅文明的确存在过；只有那一片废墟向游人眨着谜一般的大眼睛，等待着后人来探寻。

这本《文明史上的奇葩——古玛雅文明》将带你走进神奇的玛雅世界，全面系统地向你展示古代玛雅人的生活状况、婚姻、家庭、社会生活以及卓越的文明成果。读过本书，会让你看清一个真实的玛雅。

目 录

第三章　　古玛雅神秘的宗教　　　　61

第四章　　古玛雅的文明成就　　95

玛雅文明是中美洲古代印第安文明的代表性文化，因玛雅人而得名，玛雅人在与亚、非、欧古代文明隔绝的条件下，独立创造的伟大文明。

神秘的玛雅文明堪称世界文明史上的奇葩。

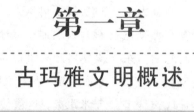

第一章

古玛雅文明概述

玛雅人的地理环境

玛雅地区地处中美洲，西临太平洋，东濒大西洋的墨西哥湾和加勒比海，北部是尤卡坦半岛，西北向与东南向分别通过两条狭窄的陆地，与北美洲和南美洲相连。玛雅地区包括了现在的墨西哥南部及尤卡坦半岛的几个州、半岛东南部的伯利兹、居于玛雅腹地背靠太平洋的危地马拉以及中美洲走廊上的洪都拉斯和萨尔瓦多。

这一地区的总面积约 32 万平方千米，也有些人认为玛雅人实际上控制过的区域要比这个范围大得多。1992 年，人们在尼加拉瓜中北部地区的小山里发现了 6 座隐藏在丛林里的玛雅金字塔。这些金字塔整体上呈字母 "L" 形排列，其中最大的金字塔长 53 米，宽 32 米，高 4.5 米。如果这些金字塔

确实属于玛雅人，那么玛雅文明就要被写入尼加拉瓜地区的历史了。这些金字塔距离洪都拉斯的科潘遗址——以往认定的玛雅文明东界，有大约 400 千米距离，这就使玛雅文明地区扩大了许多。

从历史的角度看，中美洲的玛雅文明与其他文明之间并没有固定的边界。种种迹象表明，玛雅文明经历了持续不断而又无比巨大的改变。这个

↑ 玛雅金字塔

区域的政治、经济和社会，甚至气候和环境，都发生过许多变化。

玛雅文明的发源地自然地理环境复杂多样，从雾气蒙蒙的热带丛林到靠近沙漠的谷地，到寒松覆盖的高地，无所不有。即使是低地丛林地带，也还是能够根据气候、地质、植物和动物的某些差异作更详细的划分。这样的自然生态给玛雅文明提供了许多生存和发展的机遇。玛雅先民适应自然、利用自然，创造出了多姿多彩、不同凡响的玛雅文明。

↑高耸的玛雅金字塔

拓展阅读

尤卡坦半岛

尤卡坦半岛位于中美洲北部、墨西哥东南部，在墨西哥湾和加勒比海之间。东靠加勒比海，西临墨西哥湾，东北隔尤卡坦海峡与古巴相望。

尤卡坦半岛是墨西哥的两个最大半岛之一：一个是位于太平洋连着加州的下加州半岛，另一个就是伸入墨西哥湾的尤卡坦半岛。

尤卡坦半岛的海岸线长约1100千米，东岸陡峭，多海湾、岛屿；西岸低洼，多荒凉沙滩。热带气候，年平均气温20℃—29℃，年降水量500—1000毫米，自南向西北减少。植被以热带草原为主，北部为世界剑麻主要产区；东南部年降水量达2000毫米，出现热带森林，产硬木、糖胶树。

玛雅人家园火山谷地与丛林

古代玛雅人生活的地区，地形地貌差异性很大，从南部的火山高地到中部的热带雨林，再到北部的热带丛林，不同的区域有着不同的地形和气候。玛雅地区大致可以按地形、气候和植被的类型不同划分为三大部分，由南向北依次是高地、低地和平原。

玛雅文明的南部地区属于高地，由沿着太平洋的一系列山脉组成，其中有几座火山非常活跃。伊萨尔科火山自1770年首次爆发以来，大的喷发活动多达50余次，火焰和火山灰的喷

↑塔胡穆尔科火山

发一直持续不断。它最近的一次喷发是在 1980 年，附近经过的轮船在晚上能够看得很清楚，所以它被称为"太平洋灯塔"。

而富埃戈火山从 1524 年西班牙人侵入这个地区以来，也爆发过不下 50 次。位于危地马拉西南部的塔胡穆尔科火山是座死火山，海拔 4222 米，是中美洲最高的山峰。

南方高地的峡谷里，冬天气候干燥、寒冷，高山地区则有冰雪形成，夏天比北部低地平原更为凉爽，雨季较为短暂。在峡谷里有大片的绿地，各种各样的常绿植物和落叶树给山峦披上了美丽的外衣。

群山孕育了丰饶的谷地，这些谷地分布于海拔 750 米至 2000 米的区域内，地势开阔，气候宜人，四季如春，如今仍是南方高地人口最为稠密的地区，居住着近 200 万玛雅遗民。考古学家研究发现，最早的玛雅农业文明约产生于 4000 至 5000 年之前。

谷地里有肥沃的火山土壤，河流穿越其间，湖泊星罗棋布。主要谷地附近，分布着黑曜石，它们是高地玛雅人拥有的宝贵的矿产资源。河流将高地地区与太平洋沿岸及低地地区沟通起来，而山岳的隘口则通向恰帕斯平原，使高地地区的居民拥有从事黑曜石及矿藏贸易的优势。

玛雅文明的中部地区属于低地，

↑黑曜石制品

是以佩滕湖为中心的盆地，包括一些周边谷地。盆地的北部是山脉，东部和西部是峡谷。在雨季，充沛的雨水使得盆地内许多湖泊连成一片。这个地区雨季较长，旱季降水也不少。因此，这个地区不仅水资源丰富，而且拥有着各种各样的植物和动物，所有的高山和峡谷都被浓密的热带雨林所覆盖。

低地地区所产的石灰石是较好的建筑材料，在整个低地地区都可以找到这种石灰石，且易于开采，用木质或石质的工具就可获得。石灰石坚固耐用，不怕自然风雨的侵蚀，燃烧后变成熟石灰就更耐用。玛雅人把这些石灰石加工成灰泥。此外，这里盛产的花岗岩也是优良的建筑材料。在盆地高处的山坡上，考古学家发现了古代玛雅人的石头城市。玛雅人最早的石头建筑群——乌夏克吞城，也是在这个地区发现的。这里曾经是玛雅文明古典时期的中心。

玛雅文明分布的北部地区，在尤卡坦半岛北部地区，地势非常平坦。这个地区到处都是热带丛林，生长着大片的矮树和灌木丛。丛林下面覆盖着石灰石岩层，这里的土壤层很薄，随处可见裸露的石灰石。这一地区水资源极其匮乏，几乎没有湖泊、河流。

因为雨水直接通过多孔的石灰岩层渗到地下，只是偶尔在一些岩坑内才有少量的水。

玛雅地区的自然地理环境从南到北有着巨大的不同。从南部的重峦叠嶂到北部的石灰岩平原，从火山高地到热带丛林，这个地区并不是最适宜农作物种植的，在热带雨林中想要种植农作物不仅很费工夫，而且产量也相当有限，生产出来的粮食仅仅能够满足少量人口的消费。但是，古玛雅人充分利用自然资源，在恶劣的环境中创造出了不同凡响的玛雅文明，留

↑玛雅的石头城

给后人无尽的赞叹和疑问。既然自然环境给玛雅人带来了这么多生存和发展的难题，让考古学家感到非常困惑的是，玛雅人为什么不离开玛雅地区，到土地肥沃的地区建立家园呢？

热带雨林

热带雨林是在温暖多雨的热带自然形成的、富有厚茎藤本、木质和草质附生植物的常绿森林生物群落。优越而稳定的环境为数以万计的生物种类提供了最佳的生存和发展条件。热带雨林主要生长在年平均温度24℃以上，或者最冷月平均温度18℃以上的热带潮湿低地。热带雨林分布的地区，年降雨量很高，通常高于1800毫米，有些地方达3500毫米。这里无明显的季节变化，白天温度一般在30℃左右，夜间约20℃。

从气候类型来说，热带雨林气候、热带海洋性气候、热带季风气候下皆可形成一定量的热带雨林，以热带雨林气候下形成的热带雨林最为典型。

第一章　古玛雅文明概述

玛雅文明的生命线

一般而言，古老的文明都是在淡水资源丰富的大河流域孕育而生的，因为水是农业、畜牧业发展的必备条件。以四大文明古国为例，古埃及有尼罗河，古巴比伦有幼发拉底河和底格里斯河，古印度有印度河与恒河，古中国有黄河和长江。大河，是这些古老文明的生命线。

玛雅文明的生命线又是什么呢？

玛雅地区的河流大都以危地马拉高地很小的一块区域为中心，呈放射状向外分布。短促的河流向南注入太平洋，较长的河流则穿越佩滕森林，注入墨西哥湾和加勒比海。在危地马拉和墨西哥恰帕斯地区，河流水流湍急，具有明显的季节变化，有的河流在3月和4月甚至完全干涸。

中美洲的气候可以分为雨季与旱季，旱季从每年的11月到次年的4月，持续四五个月；剩下的时间为雨季。

中美洲地区气温变化的幅度较小，如果气温发生大幅度变化，那必定是由海拔差异引起的。较高的山峰或许冰冷彻骨，但是海拔较低的地方则平均温度达30℃。这里的大多数高地山谷，海拔介于高山和平原之间。通常气候温和，平均温度在20℃左右。

在雨季和旱季，玛雅世界有着完全不同的景观。在雨季，万物葱郁苍翠，生机勃勃；到了旱季，则到处干旱枯涸，一片死寂。这种季节性反差深刻地影响着玛雅人对世界的认识。

玛雅地区南部的高地上有两个湖泊，即危地马拉的阿马蒂特兰湖和阿蒂特兰湖。阿马蒂特兰湖位于危地马拉中西部，由陡峭的死火山环绕而成，是中美洲最壮丽的湖泊之一。湖面海拔1562米。湖内有18个小岛，湖岸有3座火山。阿蒂特兰湖风景优美，是著名的游览胜地。湖岸居住的印第安村民大多从事捕鱼、

← 加勒比海

手工棉纺和毛纺等职业。

乌苏马辛塔河是玛雅地区最大的河流，流域范围包括佩滕盆地大部分地区和基切维拉帕兹高地的主要地区，因为河流沿岸分布着众多玛雅遗址，所以被称为"废墟之河"。帕西翁河及奇克索河汇入乌苏马辛塔河，构成了贯通玛雅地区西部的主要交通路线。

乌苏马辛塔河不仅是玛雅地区最大的河流，也是中美洲最长、水量最大的河流。该河发源于危地马拉马德雷山脉东北坡，流域覆盖危地马拉西北部和墨西哥东南部。从其源流奇克索河算起，乌苏马辛塔河全长 1110 千米，流域面积达 103 万平方千米。

乌苏马辛塔河将危地马拉高地地区及佩滕地区和墨西哥湾联系在一起。此外，莫塔瓜河及其众多的支流形成了从危地马拉高地至东面加勒比海最重要的航道，而伯利兹河与新河则部分地承担了从加勒比海深入内陆的交通。

然而，低地地区河流稀少，绝大部分都为陆地所包围，没有河流流经佩滕地区内部。在北部，石灰岩具有透水性，以至于地表无法形成径流。水流汇集到地下河中，当石灰岩表面在溶洞上方断裂坍塌时，就会形成天然井穴——"石灰岩深井"。因此，尤卡坦半岛零星地存在着一些很小的湖泊。不过，广阔的岩溶石灰岩下面，有着蓄水量丰富的地下水系区。

玛雅人还兴建了一些水利工程，比如蓄水池、排水渠等，以满足旱季生存和农业灌溉需要。以著名的玛雅古城蒂卡尔为例，为了解决全城老百姓的饮水问题以及满足灌溉农作物的需要，玛雅人共建立了十余个大蓄水池。但是，如果遇上连续干旱，古玛雅人还是会面临巨大的生存威胁。

总的来说，玛雅地区的淡水资源并不丰富，大部分地区受季节变化的影响。人类生活的一般规律是选择在靠近江河两岸、交通方便、土地肥沃的地区居住和生活。美洲大陆有着广袤的土地，玛雅人完全有条件选择更好的生存环境，但是他们偏偏选择在野兽经常出没、到处是毒虫的丛林中生活。

古代玛雅人宁可大兴土木，却不愿在淡水资源丰富的地区安邦筑城，这其中的原因仍待人们去探究。

知识小链接

火山土壤

火山锥是火山喷出岩的常见地形，发育在火山锥上及其周边的土壤，称"火山土壤"。一般火山锥规模较小，高差多在百米之内。火山锥中坡坡度达25°~30°，土层薄，土壤发育度差，仅下坡土层较厚，土壤发育好。火山口或潴水成湖，或多熔岩乱石，平静成土的较少。高大的火山锥周边多形成沟谷，发育的土壤也较复杂。

玛雅的农业
文明的成果

在培育作物引入之前，玛雅人曾定居于低地地区。众多沼泽、潟湖以及河流提供了丰富的甲壳类和鱼类生物。美洲红木沼泽及加勒比海沿岸的堡礁使得在浅滩捕鱼十分方便，或许也使人们可以捕获大量虾类、软体动物及大螯虾。研究显示，早在公元前5000至公元前3000年低地地区许多地方就已分布着定居聚落。这些早期的狩猎者和采集者以鱼类为主要的食物，辅以野生植物种子，人工培育的南瓜和凤梨等热带水果以及小猎物，诸如美洲家鸭、野猪、吐绶鸡和鹿等。有一些证据表明，在引进人工培育的玉米后，许多聚落就逐渐地以农耕取代原有的生活方式。

最初的玛雅聚落

在20世纪的绝大部分时间里，考古学家们曾认为直至公元前1000年之后才有来自南部地区的民族在玛雅地区中部和北部进行拓殖。他们曾认为玛雅人最早是在太平洋沿岸及危地马拉高地地区一些知名的遗址发展出其与众不同的文化的，在那里他们在与奥尔梅克人的交往中受到影响。在这一点上，他们曾认为人工培育的玉米供养了更大规模的人口，而人口压力可能导致玛雅人沿河流进入低地地区，在这些此前无人居住的地区进行农耕以维持自身的生活。

人类出现在低地地区最为明确的证据是陶器：谢伊陶器群出土于帕西翁河与乌苏马辛塔河流域的一些西部

玛雅遗址（约公元前900至前700年），而斯威奇/埃伯陶器群（约公元前1000至前500年）则出土于自伯利兹北部至佩滕地区之间。虽然，所有这些陶器都源自更早的地峡土著传统，但是某些类型形成了聚合。与其他陶器相比，这些聚合在形制与泥釉方面具有更多的共同性。谢伊陶器与出土于恰帕斯地区及危地马拉高地萨拉马谷地的前古典期中期的陶制品极为相似，因此，这可能表明它与上述两地中的一处有所联系或两处都有联系；

↑玛雅人的生产工具

奇霍伊河与帕西翁河可能从地理上将它们沟通。斯威奇陶器似乎同出土于危地马拉高地地区及萨尔瓦多的陶器有所关联。许多考古学家曾经认为这些陶器表明人类向此前无人居住的低地地区的迁移。

低地地区的聚落

植物学和考古学提供的新证据迫使玛雅学家对这种拓殖理论做出修正。

首先，我们并不能确定在公元前1000年左右危地马拉高地地区是否有稠密的人口或在文化方面领先于低地地区。经考古学家证实，前古典期（公元前2500—公元250年）早期萨拉马高地及奇霍伊河流域适于形成聚落，但是直到此时在某些更广阔的谷地火山活动及厚重的火山灰仍然妨碍着聚落的形成。其次，出土的花粉核显示公元前2300年左右人们曾在低地地区种植过玉米。在某些地区，例如，伯利兹北部的发掘显示出自低地地区最早聚落所处的时期以降文化的连续性，因此有理由假设早期的低地地区居民是玛雅人的祖先。例如，一处位于切图马尔湾的伯利兹遗址——库埃罗的发现表明，该遗址自公元前 2500 年之前直至前古典期晚期一直居住着同一民族聚落。作为一个与众不同的玛雅中心，库埃罗曾经繁荣一时，它也因此而闻名。然而，对居住于低地地区其他部分的村落居民的族群甄别仍存在争议。到公元前 1000 年时，或许是人口压力促使低地地区的玛雅人扩张进入内陆地区，湖泊与河流的缺少使得常年的淡水供给更为困难；进入内陆地区的许多玛雅人可能来自环境较好的低地地区，诸如佩滕的湖区和伯利兹的湿地地区。来自南部地区的玛雅人在该时期可能已经导致该地区人口增加。同他们一道的还有某些米克斯－佐奎语人，这些人后来融入玛雅人中。

↑ 玉 米

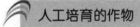
人工培育的作物

　　人工培育的玉米进入中美文化区居民日常饮食的时间晚于古朴期，从那时起经培育的作物日益成为饮食中重要的部分。世界上最具营养的也是最高产的谷类农作物之一——人工培育的玉米，被引入中美文化区肥沃的低地环境会给村民们带来食品剩余，尽管这一剩余需要一些劳动力进行砍伐、焚烧及开垦湿地才可实现。最初小玉米穗轴尚未成为甲壳类动物及块茎植物富有营养的替代品，一些湿地地区，诸如太平洋沿岸那些创造出地峡土著传统的早熟的聚落，绝少以玉米为主食。考古学家已经提出在此种情况下，作为早期栽培品种的小玉米穗轴被用于生产发酵醪，而不是用于制作玉米面团包馅卷——虽然两者都会是优良的蛋白质来源，发酵醪即使在食品充足的情况下也可对玉米种植产生异常的刺激。最后，人工培育的玉米遍布中美文化区，湿地地区产生了粮食剩余。粮食的剩余加速了新大陆迈向文明的步伐。

　　在玛雅地区，花粉核取样显示，约公元前 3500 年，一个森林依然十分高大和茂密的时代，另一种培育植物出现，它就是木薯，一种同甘薯有亲缘关系的块根作物。木薯具有耐旱性，所以它成为其他食物的补充来源。与玉米相比，它不能供养大量人口，但它可能是发现于太平洋沿岸，公元前1600年左右的巴拉文化阶段早期村落的主要栽培品种。其后，在肥沃的沿海环境下，玉米的种植日益增加，随着人口的增长，这些玛雅人着手开垦更为广阔、更为平坦的丘陵地区以从事农耕。季节性池塘及火山灰浸润的土壤使得沿海的玛雅人一年可以种植三季农作物，这为奥克斯文化的奢侈品清单及其阶级分层提供了前提。而该文化曾推动玛雅地区南部最初的前古共期诸城的兴起。

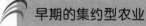

早期的集约型农业

有证据表明，自相当早的时期开始，玛雅人在低地地区的一些地方已实行集约型农业。至公元前1650年，玉米的种植已经改变了伯利兹新河地区的环境，在那里森林遭到砍伐、焚烧并被住宅园地和农田所取代。在同一地区，早在公元前1000年普尔特劳瑟沼泽也被改造为精巧的农田系统；这些系统通过沟渠与运河来控制水流。此外，沟渠被利用来饲养和捕捞鱼类。

↑ 玛雅人的村落模型

早期玛雅村落的位置

至迟到公元前800年，玉米种植业已经遍布整个玛雅地区，自太平洋沿岸至海湾地区、从南部高地地区到北部低地地区以及由墨西哥的塔瓦斯科地区至洪都拉斯的莫塔瓜河流域均有核心的集结村落及精致的陶器。贸易或移民，可以为共同的制陶技术及其他器物提供解释。而且贸易是至关重要的：居住在热带低地地区的人们的饮食需要大量的盐，而盐主要出产于沿海地区，尤其是北部的尤卡坦地区。也有来自高地地区的黑曜石及来自许多不同地区的燧石被贩运用以制作工具。第一批复合聚落正是位于接近资源产地和贸易路线的位置。至公元前700年，风格各异的早期陶器类型开始融入玛雅陶器群，而无论在何时、无论是何人率先建立了最初的低地地区村落，整个玛雅地区的聚落建设和玛雅文化的一体化都在蓬勃发展。

拓展阅读

集约型农业

集约型农业是农业中的一种经营方式。是把一定数量的劳动力和生产资料，集中投入较少的土地上，采用集约经营方式进行生产的农业。同粗放农业相对应，在一定面积的土地上投入较多的生产资料和劳动，通过应用先进的农业技术措施来增加农业品产量的农业，称"集约型农业"。

作为古印第安人的一支，玛雅人在中美洲创造了令人惊叹的文明奇迹，可令人困惑的是，古代玛雅人为什么选择在条件恶劣的热带雨林地区生活？他们的社会结构又是怎样的？他们是怎样进行日常生活的？宗教对玛雅人的生活又产生了怎样的影响？

让我们来共同探寻其中的奥秘。

第二章

古玛雅的社会生活

玛雅的城邦与国家

在 20 世纪大部分时间里，考古学家认为，在玛雅所处的热带低地地区的环境下不可能出现比较完备的国家政府形态。

因为热带地区无须修建大规模的基础设施，如灌溉网络系统，因此也不需要建立强大的中央集权政府。众所周知，中央集权体制是国家形成的必要条件。有关现代玛雅人的调查研究使考古学家相信，哥伦布发现美洲大陆以前的玛雅人基本上属于一个农业民族。玛雅社会是由贵族和平民这两个社会阶层构成的，但玛雅从来没有发展成一个统一而强大的国家，只是在玛雅地区形成了众多规模较小、力量均衡的中心城市或酋邦，如奇琴伊察城邦等。

随着考古遗址的发掘、聚落的发现以及古代文献的破译，人们积累了大量的资料，这样可以使人们进一步

了解玛雅的农业社会。玛雅研究者已经发现，至少从前古典期晚期起，玛雅社会的发展速度开始加快，而且其

↑奇琴伊察城邦遗址

发展的过程比先前所预想的要复杂得多，到前古典期结束时，玛雅的政治组织已经发展成为前工业化国家了。

2000 年，人们在古典期（约 250—900 年）的坎库恩城发现了几座足球场大小的王宫，规模比原先猜想的大十倍之多。与此同时，在著名的帕伦克遗址发现的城区设计规划也证明，当时城市的建筑规模以及人口密度相对较大，是早先估计的 2~3 倍。而且，每年都会有大量新的考古发现，证明它们与人们所了解的玛雅社会政治秩序有着密切的关系。对于古典期来说，由于象形文字文献的破译，人们对这些关系才有了更深入的理解并非所有城市的政治地位都是平等的，玛雅诸城市之间形成了某种政治等级制度，其中某些城市从属于其他城市。

你知道吗

城 邦

城邦是由一个城市控制的区域，通常拥有主权。历史上的城邦通常是大文化圈的一部分，如古希腊城邦（如雅典、斯巴达）、迦南的腓尼基城邦（如泰尔、西顿）、中部美洲的玛雅城邦、亚洲丝绸之路上的小国（如撒马尔罕、布哈拉）和意大利城邦（如佛罗伦萨、威尼斯）。中国周代实行封建制度，分封的一些诸侯国有时也被称为"城邦"。

第二章 古玛雅的社会生活

各种各样的社会阶层

贵 族

玛雅的社会阶层，大致可分为贵族、祭司、平民和奴隶四个群体。这些群体各自的内聚性较强，玛雅社会为维护这种分层关系，对不同群体成员的血统、职责、俗规作了明确规定，以保障位高者的权力，杜绝位卑者的僭越。

贵族包括君王（即"真人"）和村镇级的酋长及其下属各级头目。这可以比作中国先秦社会的君、大夫、士。酋长管理村镇事务，他们虽然是由真人指定的，但基本上都来自一个世袭贵族群体。和平时期，他们负责监督本地区百姓的农事活动，并且逐年向真人进贡财物。在战争期间，酋长是本村镇战斗力的组织者，作为指

挥员，他们还要服从于军事首领。次一级的特权阶层包括三种人：镇中长老，一般两三位。他们是酋长的顾问，参与决定地方政策，而本身又是镇中再次一级行政单位的头领。帮办，协助酋长工作，是其助手和口谕传递者，他的职责较多，既是首领与村民之间的桥梁，又是外交事务方面的顾问，还是公共议事厅的负责人、村镇中的首席歌唱家和舞蹈家，总管地区上所有的歌舞和道具。最低一级的"政务人员"，他们负责维持治安，相当于我们的警员。此外，玛雅人还有战时的临时首领。除了原来的行政首领酋长在战时行使军事指挥权以外，另有通过推选获得的军事首领，任期为三年。在这三年内，他不能近女色，连他的妻子也不能与他见面。人们怀着极大的尊敬将他隔离起来，尽可能让他不与外界接触。他可以吃鱼和一种大蜥

蜴，但不能接触牛、羊肉。

三年任期结束时，军事首领和酋长共同商议战事，制订出战略计划。人们会像对待偶像一样对他焚香礼拜，具体的战术执行则全权交给酋长。与其说军事首领是个将军，不如说他是个"战神"，一个用凡骨肉胎硬造出来的"战神"。

祭　司

祭司阶层从血统上讲，和贵族有着千丝万缕的联系。祭司可以娶妻生子，而且子承父位。除此之外，贵族阶层中也经常有人进入祭司阶层。玛雅人规定，贵族长子继承父位，幼子则可以选择成为祭司。所以，祭司们在向王室成员授业时，经常会在王室成员的幼子中进行挑选，如果发现具有成为祭司禀赋的小孩，就开始培养他当祭司。

祭司的地位虽并不比领主高，但他们在玛雅社会中的影响力绝不亚于贵族。贵族阶层的各级首领对祭司都表现出极大的尊敬，定期向他们进贡。祭司掌握着玛雅文明的钥匙，知道农事生产，预测政事吉凶。真人经常会向他们求助，祭司则尽可能地用自己的知识找出最佳答案。实际上，玛雅地区的建筑，除了一些宫殿外，大部

↑玛雅祭司

分都在祭司的掌握之中。祭司这一特权阶层完全游离于生产活动之外，却直接参与对社会命脉的掌控。

祭司这个阶层里还有另外一些角色。如一些能讲神谕的先知，他们在民众中享有极高的威望。还有终身制的刽子手，负责在人祭及其他偶像崇拜活动中执刀。刽子手有四个助手，人员不固定，每次祭祀时新选，通常是德高望重的老人。

玛雅祭司是最有权力、最有影响力的一个群体。他们关于天体的知识、他们预言日食月食及其他星际会合周

期的能力、他们的种种预言，渗入玛雅人生活的每个阶段，因而受到全体玛雅人的敬畏。

平 民

平民是指数量众多的普通农业生产者。他们付出血汗养活自己，也供养他们的最高首领真人、地方酋长以及祭司阶层。他们是那些宏伟的仪式中心、高耸入云的金字塔神庙、大型廊柱、宫殿、高台等的真正建筑者。他们采集、雕刻了大量巨石，构建了这些建筑。他们用石斧砍下无数大树作为柴火，将石灰石烧制成石灰。他们将砍下的硬木加工成雕梁画栋。他们是泥瓦匠、石匠，也是搬运工、建筑工。

这些平民必须向真人进贡，给村镇酋长献礼，还要通过祭司向神进献贡品。这些贡品加在一起，数量很多，种类包括他们能够从生产、制造、猎取、搜集中获得的一切。他们往往住在郊外，人数众多，但却为城里少数的贵族和祭司承担了几乎所有的劳作。

奴 隶

奴隶处在社会的最底层。有人认为，奴隶制是玛雅后古典时期（900—1520 年）出现的一种现象，这就是说，奴隶现象的出现是因为凶悍的托尔特克人入侵玛雅，改变了玛雅的社会面貌而造成的。但其他许多学者根据石碑、壁画等资料指出，不能排除在古典时期玛雅就有奴隶的可能。至少，战俘除了充作人祭以外，很可能沦为

→ 载歌载舞的现代玛雅人

奴隶。从有直接资料记载的玛雅文明末期来看，奴隶来源有五处：天生奴隶、窃贼、战俘、孤儿和人贩子贩来的人口。虽然生而为奴者为数不多，但也确实存在过。不过，法律规定可以为奴隶赎身。偷盗者要为被盗者做奴隶，直到他有能力偿还所盗财物为止。战争中被俘的地方贵族会立即被推去做人祭牺牲，而其他战俘则被俘获他们的武士带回去做奴隶。孤儿经常用于做人祭，所以有人专门向人贩子购买人口，甚至强行绑架。战争、人祭、苦役、买卖人口被列为正常的文化中，奴隶命运之悲惨可想而知。

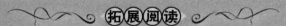

欧洲奴隶贸易

16 世纪到 19 世纪，欧洲新兴的资产者为了弥补劳动力严重不足的情况，开始从事奴隶贸易的罪恶行为。

在奴隶贸易的初期，殖民者曾组织所谓的"捕猎队"掠奴，偷袭黑人村庄，烧毁房屋，把黑人捆绑着押往停泊在岸边的贩奴船，往往一夜之间把和平宁静的黑人村庄变成一片废墟。殖民者的野蛮暴行，遭到了非洲人民的反抗。后来殖民者改变了方式，采取以枪支、火药诱骗某些沿海地带的部落首长，唆使他们向内地袭击，挑动部落之间的战争，以便在交战中俘虏对方部落的人，出卖给欧洲的奴隶贩子。由于欧洲殖民者的挑拨离间，这种部落间的"猎奴战争"，在四百年的奴隶贸易过程中，始终没有停止过，导致非洲黑人大量死亡。

丰富的社会生活

玛雅儿童

　　玛雅人深爱孩子。我们从今天的玛雅人身上还能看到他们对孩子的拳拳之爱。玛雅妇女对孩子的未来寄予很多希望，她们常常带着贡品去向神灵祈祷并询问孩子的情况。为了怀孕，妇女向祭司求助。祭司则为想要孩子的妇女祈祷，并在她的床铺之下放置一个"制造孩子的女神"的偶像。

　　从摇篮到坟墓，古代玛雅人的生活都是由他们的宗教信仰决定的，或者说，是由祭司来解释的。事实上，每个玛雅人一生的各种仪式的样式，早就根据每人的生日所决定。即由他生日偶然落在卓尔金历日某一天而因缘随机地注定了。

　　在危地马拉高地的卡克奇凯尔人

中有一种信仰，认为一个人的出生日期注定了他的性情和命运。这是因为与那个日子相联系的神灵就与他直接挂上了钩。那些神灵会保佑这个人，而另一些神灵则会跟他作对。

　　直到现代，在尤卡坦半岛的玛雅人中间仍然盛行着一种古老的仪式，土著们称其为"赫兹梅克"，即在抱婴儿时第一次挎着婴儿的臀部。这一仪式的历史渊源相当久远，而且在玛雅历史的人生仪典中，完全具有与基督教的洗礼和青春期仪式同样的重要性。

　　有关玛雅人这一抱挎婴儿臀部的仪式，一个要点是抱挎婴儿的臀部，这大概是重要的暗示。搂抱的婴儿处于躺卧的体姿，而抱挎臀部就使婴儿坐立起来。虽说还没有成了"而立"，但却已是坐立，是对人生而立的一次彩排，寄予了上一代人对下一代人的殷殷期待。

这个仪式举行的时间，更是证明了文化隐喻的性质。按玛雅古老遗俗规定，赫兹梅克仪式在女婴三个月时举行，男婴则在四个月时举行。

三个月或四个月的不同，据说是因玛雅人的炉火边有三块石头，象征着妇女在家中的活动范围；而玛雅基本农作物的农田有四个边角，象征男子在田里的活动范围。这就是"女三男四"的由来。

不难看出，在女婴三月、男婴四月所举行的赫兹梅克仪式，玛雅人希望用这个"坐立起来"的仪式预演男婴、女婴未来的人生职责，把一种文化贯彻到未来人生中。

通常在这一仪式中有一对教父、教母——丈夫和妻子。若只有一人，那就得由男人主持男婴的仪式：仪式开始时桌案上摆放着9种不同的物件，这是孩子将在以后的人生活动中使用的东西的象征，数字之所以为"9"，大概和中国古人以9数为极大限相类似。对男孩来说，这些物件是一本书、一柄弯刀、一把斧子、一把锤子、一条刺枪、一根播种掘土棍以及其他将会需要的物品；对女孩来说，则是针、线、扣针、瓢、烙玉米面煎饼的铁盘之类的物品。

男婴的亲生父亲把孩子郑重地交到教父手中，教父则把孩子拎抱在自己的左臂上，走近桌案，挑选9件物品中的一件并把它放到孩子手中。然后，教父一边拎着孩子绕桌案行走，一边告诉孩子物品的用法。比如他可能会念叨说："你现在从这儿拿了书本，带走吧，这样你就能学着阅读和写作了。"他绕着桌案走9圈，每一次都选择9件物品中的一件交到孩子手中，同时"教授"孩子这一物品的用途，他把玉米粒放在物品之间，每走一圈就取走一粒，以此来记住走了多少圈。

然后教父把孩子转交给教母，教母又重复上述这些动作。她记绕桌案圈数的办法是：借助预先放在桌上的9颗葫芦籽，每走一圈后就吃掉一颗。随后孩子又被交还给教父，再由教父把孩子还给生父，说："我们已经给你的孩子做完了赫兹梅克。"孩子的生父生母跪在教父教母面前以示谢意，赞礼者在一旁就把食物、甜酒、烧鸡和煎饼奉献给教父教母。至此，这个仪式就圆满完成了。

现代仪式中由教父、教母完成的使命，过去恐怕是由玛雅祭司履行的。尽管掺杂了天主教的色彩，但是玛雅人的古老传统还是顽强地保留了下来。

玛雅人的婚姻

玛雅人十分看重父母之命、媒妁

之约，婚后也平平淡淡，没有拥抱、接吻之类外露感情的表达，玛雅男女的爱情是以尽力履行各自在家庭中的职责来体现的。

玛雅人的婚姻通常在年幼时就定下了，等到适当的年龄举行正式的仪典，也许那时他们才十二三岁。男孩的父亲为儿子寻找媳妇，标准无非是门当户对，同村同阶层；也有些禁忌：同姓不可通婚，另外妻之姊妹、兄弟寡妻、孀居后母等也在禁止之列。婚嫁若无媒人或中介，那就是件可耻的事了，这显然不利于男女两情相悦，自由恋爱。

另外，男人结婚前要在未来的丈人家当6~7年的"长工"，白白地为女方劳动，好像是要挣出老婆的"赎身费"。这还不算，要是中间岳父不满意，可将女婿赶走，让其到头来落得一场空。假如女婿不能圆满地完成

↑ 玛雅人的墓穴

6~7年"苦役"被赶出来，不仅要眼看到手的老婆另许他人，而且本人也会成为"丑闻"的主角。

除了6~7年劳役之外，玛雅小伙子结婚时还要付出不少代价。聘礼是免不了的，男方要为新娘子准备从礼服到各种装饰品的全套嫁妆，男方还要负担自家新郎的费用。这种做法通行于玛雅社会各个阶层。整个玛雅社会都奉行这一风俗乡规，又会有哪个男子能够有许多苦力、彩礼之外的浪漫心情呢？他只有乖乖地为他所付出的"苦役"考虑，平平稳稳地促成一段婚姻。这或许就是玛雅人成功地实行了一夫一妻制的原因吧。

玛雅人的死亡

玛雅人精心构筑了自己的死亡观念，可以沉醉在永生不死的意境里，或者把死亡当作一件不那么可怕的事。死亡可以被看成避风港，从那里再度扬帆起航。或者说，玛雅人并不认为死就是一个肉体的终点，而认为它是一个中转站，是走完一段旅程以后，再搭乘另一趟班车的中间步骤。他们悉心包裹尸体，给死者嘴里塞满玉米，以免死者在候车的时

←玛雅人的头盖骨模型

候挨饿，有时还往死者嘴里填塞玉石，玉石是玛雅人珍贵的物品，以免死者受穷。

玛雅人的墓穴里还要放上偶像，保佑死者一路平安。关于死者身份的证明也很重要，一定要齐全。生前是位工匠，那么应当放上石斧，证明其职业和技能；生前若是祭司，就放上书籍图谱；生前是术士，就放些魔石；生前是猎人、渔夫，就放弓箭钩叉……以便死者在来世之用。

玛雅上层人物死后更有精心的安排。通常先火化，然后将尸体收藏在瓮中入葬，葬所规模不一，人们把玛雅地区的金字塔当作单纯进行祭祀活动的场所，后来考古学家发现它们中有些至少还有别的用途——陵墓。一位玛雅君王，死后脸部罩着由200余枚玉片拼成的青玉面具，这代表永生不灭，可以让不死的灵魂在不腐不败永远温润的玉石包裹中寄存。

有时死者的骨灰被放在空心的雕像中，雕像当然尽可能与死者本人模样一致。雕像后脑壳留有一个开口，这是填放骨灰的通道，用死者相同部位的头皮来覆盖。玛雅潘城的统治者，是库库姆家族。他们通常把死者用火处理一下，烧到骨肉分离，将头后部锯下来，只留下前部，即脸部的骨架，然后用松脂捏塑出脸肉来。这个塑像看起来和真人一样，与上面说的木雕像功能类似，都作为家族偶像供奉起来，使人敬畏。保留真容以供瞻仰，这是后人对先人的追怀，也是永生不死愿望的体现。就像玛雅神话中说的那样："死者不会永远留在冥界。他们像书上的绿叶，秋天凋谢，而春天又会再生。死去的亲人都会和春天一道回到我们的身边。"

现在，偏远的玛雅村庄还保留这样的习俗。当人死后，人们要为他举行洗罪仪式，把尸体放在长条状的木澡盆中，用稀玉米热汤洗过。洗罢，死者的家属和乡亲一起把热汤喝光，象征着分担死者生前的罪过，让死者的灵魂可以顺利进入天堂。

拓展阅读

教 父

教父是在婴儿或幼儿受洗礼时，赐以教名，并保证承担其宗教教育的人；天主教、东正教以及一些新教宗派（圣公会等）行洗礼时为受洗者设置的男性监护人和保护人。每个受洗礼的男孩应该有两个教父和一个教母。

古文明浅读　文明史上的奇葩——古玛雅文明

玛雅惩处罪犯的方法

在玛雅社会中，阶级地位不仅决定了财富和特权，同时也决定了对犯罪者的惩处方式。在古典期，节约法令禁止普通人佩戴贵族们所珍爱的异国羽毛及贝壳珠宝；在众多的凶杀案中，杀死奴隶的凶手不会受到重判。另一方面，对于上层社会成员及普通人的犯罪惩处常常是截然不同的：小偷通常要给付赔偿金，或者沦为奴隶直到把债务还清；贵族则被迫在整个脸部刺上图案，作为罪犯的标记。对妇女的惩处也通常与男性不同：通奸的女性会当众受到羞辱，玛雅人认为这样惩罚女性已经足够严厉了；而她的情夫则要被处死。

犯罪指控通常要提交到城镇里最主要的官员面前，这些官员充当法官，审查有关各方呈交的证据。尽管在面见这些贵族高级成员时，发生争执的双方都会或多或少地给法官们带些礼物，但是法官们仍会按照玛雅法律对案件进行公平审理，判决的结果双方都会接受。如果一方被发现有罪，将会被判刑。在暴力犯罪中，判死刑的犯人会被用石块击死、用箭射死或者被肢解；谋杀者可能被用作祭品，或者按照与其犯罪方式相同或类似的方法将其处死，但是受害者家人也可以申请将惩罚方式改为索取赔偿金。

通奸的妻子能够获得丈夫的原谅，如果得不到丈夫的谅解，那么她将会与纵火犯和强奸犯所受到的惩罚一样，很可能会被处死。对于财产罪的惩罚，最常见的形式是赔偿归还，如果犯人无法偿还的话，则要通过短期奴役来解决。在危地马拉高地，捕杀奎特查尔鸟都要被判处死刑。

拓展阅读

刑　法

　　刑法是规定犯罪、刑事责任和刑罚的法律，是统治阶极为了维护本阶级政治上的统治和经济上的利益，根据其阶级意志，规定哪些行为是犯罪并应当负刑事责任，给予罪犯何种刑事处罚的法律。刑法有广义的刑法与狭义的刑法之分。广义的刑法是一切刑事法律规范的总称，狭义的刑法仅指刑法典。与广义的刑法、狭义的刑法相联系的，刑法还可区分为普通刑法和特别刑法。普通刑法指具有普遍使用效力的刑法，实际上即指刑法典。特别刑法指仅用于特定的人、时、地、事（犯罪）的刑法。在我国，刑法是指单行刑法和附属刑法。

玛雅人的吃与喝

玛雅人的食物种类比较丰富,他们最常食用的只有玉米、大豆和南瓜。在玛雅家庭中,妇女负责准备食物,包括软化玉米粒、碾磨玉米粉以及准备日常的饭菜,同时也搜寻可食的野生植物和野果。

营养

根据对古代玛雅人的骨骼分析,表明即使是普通的玛雅平民也常常能吃得很好。就像西班牙人所描述的那样,玛雅人是一个精力充沛的强壮民族。他们的基本饮食营养丰富。豆类和玉米相结合提供了保证人体健康所必需的一系列氨基酸。南瓜、红辣椒和各类水果丰富了玛雅人的食物种类,它们补充了除维生素 B 之外的其他维生素。玛雅人在煮玉米时,为了让玉米粒变软,通常会加一些卡尔(一种白色熟石灰)或者蜗牛壳,这样做却破坏了玉米中的营养物质维生素 B。然而,如果不加入卡尔或者蜗牛壳,玛雅人长期食用玉米就很容易患上糙皮病,这种病的症状是皮肤发疹,胃肠功能紊乱。在特殊的宗教节日里,平民百姓也可以食用由其居住区提供的鹿肉、

↑ 蜗牛壳

火鸡和水生贝壳类动物。

玉米粥和玉米面团包馅卷

到了 16 世纪，玛雅人已采用了各种各样的日常烹饪方法。玉米有很多种食用方法。经过三次碾磨后玉米粉已经变得比较精细，可以与水混合制成各种饮料，其中有发酵饮料奇查。食用玉米的最主要方法是制作玉米粥，玉米粥是一种稀粥，早餐时趁热喝，而午餐时凉着喝。贵族喜欢在玉米粥中掺拌巧克力，而农民则愿意掺入红辣椒、磨碎的熟南瓜子、蜂蜜或者调味香草一起食用。这是一种非常合乎

实际情况的玉米食用方式，因为农民可以很方便地用葫芦盛装玉米粥带到田地里，当作午饭，不需要再带其他的饮料。玛雅人死后下葬时会陪葬一些盛着玉米粥的容器，以便死者能够不挨饿地完成到达地下世界的旅程。

玛雅人每日的主食都比较丰富，主要是玉米面团包馅卷或者炖菜。最简便的玉米面团包馅卷吃法是拌上碾碎的红辣椒调料，但最常见的是将豆子，主要是黑豆或者豆泥加进去。一些调味料、绿色蔬菜、鬣蜥蛋、猪牛羊肉或家禽肉条也会被加进去，欢宴的场合尤其如此。精心制作的玉米面团包馅卷常常用作宗教祭品，其中一部分做成 13 层，代表 13 层天；古典和后古

↑ 鬣 蜥

典期早期的一些雕塑和绘画作品都描绘了盛放在供碗中的玉米面团包馅卷。扁而薄的煎饼，即所谓的玉米饼更是中美洲地区的传统食物，在后古典期这种玉米饼被引进玛雅。在玛雅的一些遗址中基本上没有发现制作玉米饼的陶制平底锅或者烤盘，很可能玛雅人制作这种玉米饼时并不需要传统的烤盘，而是使用其他的工具。

烹饪方法

炉膛

玛雅人通常在一处由三块石头建成的炉膛上烹调食物，食物被放置在石头上、灰烬里或者陶罐中烧熟。现代人们发掘的骨头和贝壳遗迹表明，乌龟和鬣蜥是被放在火上烤熟的。鱼类和家禽通常是煮熟的，在煮的过程中可能再加入西红柿、红辣椒和香料。在蒸制食物时，需要在陶罐中放一点水，烧沸腾后将食物放在木格子上，一并置于水上蒸。

蒸与烤

烧烤是玛雅人喜爱的一种烹食狗肉、野猪肉、鹿肉和家禽的烹饪方式：肉被串好放在木制的烤肉架上，置于篝火上烧烤。借助土坑烧烤是一种比较独特的方式，玛雅人在准备牛羊肉和家禽肉时，也可能在上面覆盖玉米面团或涂抹调味料，然后再用树叶或者棕榈叶编成的小薄片将其包好，最后放在一个坑灶里烤熟。坑灶里面放几块石头，在石头下面点火，一旦石头变热，就将肉放在上面；坑灶用泥土或者树叶密封好，直到把肉烤熟。在节日庆典需要大量食物的时候，这种方法很实用。

拓展阅读

创世神话

创世神话是指关于天地开辟、人类和万物起源的神话。创世神话也称"开辟神话"。创世神话是人类幼年时期用幻想的形式对自然、宇宙所做的幼稚的解释和描述，反映出古代人对天地宇宙和人类由来的原始观念。

第二章　古玛雅的社会生活

医疗与日常卫生情况

清洁、草药疗法及宗教仪式疗法构成了玛雅医学的基础。玛雅人常常打扫房屋和庭院，还经常用冷水洗澡。吃完饭后，玛雅人通常要洗手漱口，偶尔也洗蒸汽浴，这是他们的治疗仪式或者宗教庆典准备中的一个程序。在玛雅的许多遗址中，考古学家已经发掘到为数不少的石建筑蒸汽浴室。然而，玛雅人认为是咒语引发了疾病，注意个人卫生并不能解除这些咒语。

玛雅的祭司根据自己所积累的关于病因与疗法的书籍，记载了运用草药疗法和宗教咒语来治愈疾病的方法。殖民时期保留下来的土著书籍《巴卡布靳宗教仪式》中记载，患病的原因是人灵魂中有不和谐的因素，或者对神有了不敬。占卜能够促进疾病的治疗，因为它将人的灵魂复归和谐，方法是向神献

祭或者从身体病痛部位放血，如从前额放血。当然，占卜通常无法治愈病

↑据说玛雅人的第一位祭司象形

古文明浅读　文明史上的奇葩——古玛雅文明

人，而改为预示病人即将死去。也有年纪较大的女祭司专门从事接生、祈祷或者助产。

今天，在玛雅的高地和低地地区社区内，那些备受尊敬的祭司既会占卜又会治病救人；妇女也会医治病人和接生。

当祭司的咒语对抗引起疾病的精神因素时，草药疗法也起到了很好的作用：在玛雅的尤卡坦地区有一种叫作坎洛尔的天然利尿剂，能够治愈心脏病，现代的青霉素正是借助这种草药疗法被发现的。然而烟草却被玛雅人误认为是治疗哮喘和其他疾病的良药。民族植物学家一直致力于将传统文化中的草药疗法，例如玛雅人的草药疗法进行分类整理，希望从中找到开发新药的关键因素。玛雅人也有他们的家庭疗法：他们在菜园里种上一些植物，它们能治疗胃功能紊乱和痢疾；他们认为先喝得烂醉如泥然后再呕吐也是一种疗法，能够除去体内的寄生虫。玛雅人也经常从树皮和树脂中提取某些成分制作成油膏，用来防止蚊虫叮咬。

知识小链接

寄生虫

寄生虫指一种生物，将其一生的大多数时间居住在另外一种动物，称为"宿主"或"寄主"上，同时，对被寄生动物造成损害。

许多小动物以寄生的方式生存，依附在比它们更大的动物身上。广义上来说，细菌和病毒也是寄生虫。

第二章 古玛雅的社会生活

另类奇特的审美观

根据古典期的贵族画像和16世纪西班牙人的资料来看，几个世纪以来玛雅人的审美观念并没有发生太大的变化。玛雅人喜欢让自己的前额向后倾斜；他们的鼻子同罗马人相似；对视眼；耳朵、鼻子和嘴唇都打孔以佩戴装饰品；牙齿用锉刀锉成一定的形状，古典期玛雅人还在牙上镶宝石；全身刺文身并涂色。要获得这些美的造型，与现代意义上的面部整容一样让人痛苦。

要获得完美的鼻子需要借助一个活动的人工鼻梁。要形成对视眼，则需要在孩提时用几绺头发系住一个柔软的小球，并在孩子双眼之间摇摆。头部需要进行人为的塑形，这一过程叫作头骨扁平塑形，因为出生之后人的头骨仍然具有一定的可塑性。婴儿的头被挤压成理想的形状，头上系两块板，一块位于脑后，另一块抵住前

↑ 与玛雅人长相类似的雕塑

额。一段时间之后，前额就变成了完美的扁平状，终身不会改变。考古人员对94个玛雅遗址所出土的骨骼进行

分析证明，将近90%的玛雅人都人为地将头部挤压成扁平状，并且这种习惯在前古典期就已经存在，一直持续到殖民时期。这已经远不是贵族的标志，而是玛雅人的象征。

独特的文身

玛雅人特别喜欢修饰他们的身体。毕竟，在炎热的中美洲，他们的大部分身体都是裸露在外面的。

玛雅人喜欢在身体上进行彩绘。古典期的壁画和陶器上，大多数的玛雅武士全身都被涂上红色和黑色的颜料，眼睛和鼻子周围也会涂抹颜料，这可能是为了显出其凶猛可怕的面部表情。玛雅妇女也会用红色颜料涂抹在脸部和身体其他部位。她们这样做纯粹是为了美观。考古学家在玛雅遗址发现一些装有颜料的陶罐，其中红色颜料是由赤铁矿和云母混合制成的。红色是玛雅人最常用的颜色。玛雅青年男子在结婚以前会将身体涂成黑色，而玛雅祭司则通常将身体涂成蓝色。在玛雅人看来，蓝色是神圣的颜色，它总是和宗教联系在一起。在盛大的宗教仪式上，祭司会安排人把一切与祭祀相关的物体都涂成蓝色。在奇琴伊察武士庙的壁画中，祭司和用于祭祀的牺牲品都被涂成蓝色。玛雅人不仅在身体上绘画，而且还在身体上刺青，也就是文身。实际上，在身体上绘画和在身体上刺青有着紧密的联系。通常在文身之前，玛雅人会先画上图案，然后根据图案进行刺青。伴随着鲜血的流出和颜料的渗入，刺青图案就长久地刻画在玛雅人的身体上了。

↑遍布着文身的玛雅人

古文明浅读

文明史上的奇葩——古玛雅文明

接受刺青的人必须忍受极大的痛苦，因此一次只能进行一小部分，事后他们还要忍受痛苦的折磨，因为刺破的皮肤会溃烂。等到溃烂好了以后，图案才能最终成形。尽管刺青要付出惨痛的代价，玛雅人还是乐此不疲。这不仅是因为他们觉得刺青是一种美丽的装饰，而且还因为那些身体上没有刺青的人会被其他人嘲笑。

玛雅妇女也会在自己的上身刺青，不过女性的刺青通常是优雅的图案，要比男子的文身美观得多。玛雅男子给自己文身除了装饰作用以外，也是为了表现自己的勇气，对别人也有一种威慑作用。玛雅女性给自己文身，目的则和穿耳洞、戴耳环相同，既表达了对美的追求，同时也表现了自己的独特性。

发式与胡须

玛雅人流行长发。不管是男人还是女人，都非常注重自己的发式。

通常，玛雅男人将两侧的头发剪短，在脑后留上一段长发，并用羽毛扎成辫子。在一些地区，男子会在头顶处烧灼出一小块不能生发的空白皮肤，然后把头发编成长长的辫子，盘绕在头顶上，就像一项王冠。

虽然有许多保存下来的艺术品可以作为参考，但由于男人总是戴着头饰，女人总是围着头巾，要想确切地了解古代玛雅人的发式，还是比较困难。不过，在一些战争场景中，男性俘虏被去掉了头饰，头发垂下来直到肩膀或背部，有的则在脑后系成长长的辫子。

在一些壁画中，玛雅男子额头上方的头发被刮掉了，可能是为了凸显扁平的前额。有的画像中，玛雅人的头发被精心修饰，鬓角被剃成阶梯状。

玛雅女性比男性更加爱护自己的长发。她们会把自己的秀发编织成各种各样的发式，并与装饰物编结在一起。不同身份地位以及不同年龄阶段的女性，发式有着很大的不同。未婚女子和已婚妇女的发式尤其要区分开来。

胡须作为男子重要的象征，似乎并不受到玛雅人的重视。根据西班牙人的记载，在西班牙殖民时期，玛雅母亲会用一块热布揉搓男孩的面部，目的是除去孩子脸上的绒毛。成年男子则会用镊子拔去胡须。在玛雅的绘画作品中，只有为数不多的统治者被描绘为有胡须。玛雅人不十分重视对胡须的修饰，这也许跟玛雅人的生活环境有关。

服饰

玛雅人衣着美丽，他们用羽毛和

动物毛皮装饰自己，但是他们很少将衣服裁剪得恰当合体。布料或者被做成像斗篷一样的宽松外衣披在肩上，或者系成围巾一样的短上衣，绕胸部缠裹成围裙，绕臀部围成普通的短裙或男式褶裙，双腿之间则挡以腰布。这种衣着常常借助系一个结或佩戴有长穗坠的编织腰带系牢靠。还有一种衣服是在布料顶部开一个口用来伸出头部，从而形成一件自头部套穿的宽松长裙，也称为"羽陂尔"，这是妇女穿的一种宽松上衣。玛雅人的服饰通常分为几层：围裙外面套着短上衣，臀围布裹着长裙，腰布外套着褶皱短裙。

女人用头巾包住头发，或者将头发梳成精美的式样与装饰物编结在一起。男人也戴头巾，他们的头饰样式繁多，有时像个酒碗或者筒状帽；更常见的是由动物骷髅、毛皮、羽毛、神的形象和珠宝做出的精美艺术头饰。草鞋是由未经晾晒的鹿皮或者大麻纤维编织而成的，在西班牙殖民者征服前的艺术品当中，我们可以看出草鞋是用美洲豹皮、绒球和其他饰品进行装饰的。

古代玛雅艺术品中大量地描绘了统治者与其配偶以及宫廷其他人员所穿戴的佩饰。对大多数普通百姓的穿着打扮的描绘却很少。16世纪的西班牙人描述了玛雅人所穿的类似的服饰。所有的男人都系有腰布，多数男人围披肩；所有的女人都穿普通的短裙，但是并非所有的女人都会用围裙或短上衣遮掩胸部。在古典期，似乎只有瓶饰神话场景中描绘的女神或其他女性形象不遮住胸部。但是，这种差别可能只在贵族妇女画像中才能区分出来。

↑饰品满身的玛雅人雕像

古文明浅读 文明史上的奇葩——古玛雅文明

珠 宝

玛雅男人和女人基本上都佩戴同样的珠宝，只是妇女不戴唇环或者鼻环；实际上，在古典期末期，鼻环已经成为上流社会男性特殊地位的标记。除了面部装饰之外，男人所佩戴的珠宝通常也比女人多。例如由多串珠子做成的项饰、单串珠子做成的带垂饰项链、厚重的宗教仪式腰带以及装饰华丽的耳塞。耳塞是分为上下两件的一种耳饰，其中的环状物借助一个较粗的塞子保护耳朵，这个塞子通常是半宝石。耳塞相对来说比较重，通常会将一个人的耳垂拉坠得扭曲变形。

在古典期，制作统治者和其他贵族成员佩戴的耳环、唇环、项链、手镯以及宗教仪式腰带使用的材料是极为珍贵的碧玉和异国贝壳。所有的王室成员都佩戴较重的碧玉和蛇纹岩珠宝。后古典期早期，碧玉矿的开采几乎枯竭了。到后古典期晚期，用黄金、铜和铜金合金制作手镯和鼻环越来越流行。西班牙人曾经提到过在金属中镶嵌琥珀色宝石制作鼻环。实际上，是黄金吸引了西班牙人对尤卡坦半岛早期的探索，同时也正是黄金的巨大吸引力驱使他们重返这片土地。

拓展阅读

提高审美观的方法

提高审美观的方法可从以下几方面来论述：

1. 加强美术审美方面的训练，上好美术欣赏课，了解美术史和一些画家及作品。

2. 多进行审美方面的活动，比如参观画展，听音乐会等。

3. 加强提高审美的综合素质的培养，比如对文学、音乐、绘画、书法、服装等艺术作品的欣赏和学习。

4. 投身于艺术活动之中，积极参与艺术活动和学习。

生活中到处存在艺术美，只有经过训练，多多观察，才能逐渐提高我们的审美观。

玛雅的经济支柱
——玉米

玛雅人食物的 80% 是玉米。玛雅农夫完成一年的玉米种植全过程，只需要 190 天，余下的 175 天都可以用于从事生产食物以外的活动。不仅如此，一年中六七个月的农耕时间，可以收获两倍于全家人一年所需的粮食。多余的玉米除留少量作为种子外，更多的则用于交易。通过原始的物质交换，玛雅人可以获得自己无法生产或采集的物品。

↑玉 米

玛雅人生活在热带雨林，在这样的生存环境下，人们维持生活的必需品相对简单。首先他们不必为过冬而烦恼，因为即使在冬天，这里依然很温暖。其次，广袤的原始森林为他们提供了充足的木材和纤维，可以用来建造房屋和制作生活用品。再次，当地的石灰岩石可以用于建造牢固的建筑物，松软的泥土可以制造陶器。

除玉米之外，玛雅人还会栽培辣椒、西红柿、菜豆、南瓜、葫芦等蔬菜，以及可可、烟草、棉花、龙舌兰和蓝靛草等经济作物。他们还在宅前屋后栽种各类果树。另外，狩猎也是古玛雅人一项重要的谋生方式。他们猎获的动物包括鹿、貘、野猪、野兔、猴子、豚鼠、大蜥、野火鸡、松鸡、鹌鹑以及各种蛇，还会用钓线、渔网来捕鱼。

为了对付飞鸟，玛雅人还发明了一种吹箭筒。一支长长的细管中装有泥弹，用嘴使劲一吹，泥弹射出就能击中目标。用这种小巧的"暗器"在林中悄悄地射杀鸟雀，非常有效。

古玛雅人还懂得使用陷阱或机关来捕杀动物。他们同时也采集各种昆虫，特别是昆虫的幼虫，不仅鲜美可口，而且营养价值颇高。

古玛雅人有着丰富的植物知识。他们对各种野生植物的性状了如指掌，他们采集十多种可食用的蘑菇，还以芫荽等植物作调味品。他们采摘的野菜可以烹制成别具风味的佳肴。

玛雅人还会饲养火鸡和狗。更值得一提的是玛雅人的养蜂技术，蜂箱是空心圆木，旁开小孔，构造较为合理。所收获的蜂蜜被玛雅人用作酿制美酒的原料。

↑鹌鹑

"落后" 的耕种方式

直至今天，尽管铁制的工具取代了以前的石斧尖棒，但是玛雅人的耕种方式仍恪守着祖先留下的老规矩：先伐木，后烧林，再播种，然后每隔几年换一个地方进行玉米种植。

玛雅人在建筑、雕刻、天文、历法等方面都有着辉煌的成就，为什么在农业发展上却特别落后呢？

玛雅人采用较为原始的种植方式是有原因的。第一，当地土层很浅，一般只有几英寸（1英寸约为 2.54 厘米）深。第二，当地天然石灰岩露出地表的情况很多，无论用什么农具翻土，都无济于事。一些美国农业专家前去实地考察之后不得不承认，玛雅人的方法就是最佳选择，淬过火的尖头植种棒、石斧，还有用来装玉米种子的草袋也许就是最合适的工具。如果把现代农业机械开进这片丛林，反而会大而无当。

现在，一个普通玛雅家庭一般是开垦一块 6 至 7 亩的玉米地，连续种两年后就让它休耕 10 年。因为第三年的产量仅为新地产量的一半。这样的话，要保证这个家庭每年都有地种，就需要有 6 块如此大的田地，确保在其他 5 块地都处于休耕状态时，至少有一块地可以种植。

以一个村子平均有百户人家计算，就需要有 600～700 亩的土地。如果再加上土壤差异等因素，在比较贫瘠的地区，所需的土地面积可能会更大。

玛雅人种玉米的生产活动，与其所处的自然环境可谓相得益彰。他们不辞劳苦地四处选田、砍乔木、烧荒点种、除草，其播种方式到今天看来还是那么合理。他们还发明了朴实无华的掘土棍，其有效性使有些现代机械、半机械或人力农具都望尘莫及。

近代以来，古玛雅人的后裔引进了一种新的农具——铁制砍刀，它彻底改变了玛雅人的除草方式。古代玛雅人是用手将草连根拔起，而现在借助砍刀大大方便了劳作，却很容易除草不尽。

所以，玛雅人长期以来保持着的较为原始的耕种方式，恰恰是顺应自然的最佳选择。玛雅人在这片多雨、土浅、草木丛生、岩石裸露的土地上生存，在没有牲畜，只有石器的条件下，不仅能以农耕获取足够的食物，而且还有余力进行建筑、雕刻和其他手工艺创造，这都应该归功于这种原始而有效的种植方式。

第二章　古玛雅的社会生活

古文明浅读 文明史上的奇葩——古玛雅文明

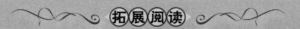

拓展阅读

玉米的饲用价值

1. 养鸡。玉米是鸡最重要的饲料原料，其能值高，最适于肉用仔鸡的肥育用，而且黄玉米对鸡的蛋黄、爪、皮肤等有良好的着色效果。在鸡的配合饲料中，玉米的用量高达 50%～70%。

2. 喂猪。玉米养猪的效果也很好，但要避免过量使用，以防热能太高而使背膘厚度增加。由于玉米中缺少赖氨酸，所以任何体重的猪日粮中均应添加赖氨酸。

3. 喂反刍动物。玉米适口性好，能量高，可大量用于牛的混合精料中，但最好与其他体积大的糠麸类饲料并用，以防积食和引起膨胀。

可可豆和贸易之路

 商业基础可可豆

在玛雅社会中，原始物物交换的交易方式相当普遍，其中劳动力也可以用货物来交换。可可豆是玛雅人最常用的交换媒介。如一只兔子值 10 粒

可可豆，一个奴隶约值 100 粒可可豆。用这种可年年收获的可可豆做"货币"会不会引起"通货膨胀"呢？实际上，玛雅人的可可豆算不上真正意义上的货币，它很可能只是一个便于计数的交换单位。如前面的例子中，由 10 粒可可豆之间的比例关系就可以准确获知一个奴隶等于多少只兔子。在西班牙殖民时期，可可豆仍然被当作计数单位使用。

玛雅地区自然资源的分布不是整齐划一的，不同地域间的物资交换始终十分重要。要是没有连接其各部分的货物交换网络，玛雅地区就不可能作为一个整体而存

↑可可豆

在。经济上的需要好似一股无形的力量，把不同地域分布、不同部族归属、不同文化渊源的人们拢到一起，形成共同的语言、共同的文化。

在整个低地地区，石灰石在建筑上有着很大用处，这种质地的石料易于采集和切割，也易于雕刻装饰。许多地区蕴藏有可以制成砍削工具的玄武岩矿床。而高地则出产更为上等的黑曜石，这种打制石器的原料是高地火山喷出的熔岩，几乎全是由玻璃质组成，一般为黑色或褐色，有明显的玻璃光泽和贝壳状断口，可用于制作工艺品和装饰品。

用于制造碾磨工具的坚硬火山矿物颜料，在玛雅山地和高地才有。一切材质中最贵重的玉石，则贮藏于危地马拉的莫塔嘎谷地。

在尤卡坦海岸地带和沿太平洋海岸以及危地马拉高地边缘的矿床中，盐可以很容易被发现并加以利用，但在中部低地却很难找到。

玛雅地区的其他资源分布也不均衡。热带丛林的产物，包括取自各种树木的树脂、硬木和漂亮的鸟类，还有用作药材和香料的各种植物。

丰富多样的海产品，如贝壳、珊瑚、珍珠等，在玛雅仪式活动中不可或缺。各地农业特产和制成品，如可可豆、陶器、织物、玉雕、武器等，都被用来交换。古代玛雅人之间进行

着广泛而发达的贸易。

于是，玛雅社会出现了专门的商人阶层，甚至在宗教观念上也出现了像"北极星"这样的商人保护神，商人一部分是权贵，另一部分则是普通的社会成员。他们利用奴隶搬运货物——在各个重要城市之间，碎石道路相通，还有特制的商路图。沿海居民则削木为舟，用木船从事贸易，每船可容下40人。

通常，在玛雅城市中心里还有规模庞大的交易场所，甚至还有货栈，可供商旅往来，交易的举行有一定的日期。可以说，到了玛雅文明的后古典时期，商业贸易已成为玛雅人社会生活的重要组成部分。

可可豆开启的贸易之路

早在古典期，玛雅人就已经与不同地区开展贸易活动了，西班牙人入侵以后，这些贸易仍在进行。

玛雅人的货物分为两种：一种是原材料，包括羽毛、食盐、陶器、草木灰和黑曜石等；另一种是成品，包括棉织品、彩饰花瓶和碧玉宝石等。

玛雅地区不同城邦之间会进行贸易往来，比如低地地区会以食盐和可可豆与高地地区交换黑曜石和碧玉。玛雅人还会同其他中美洲城市的居民

进行贸易，尤其是与墨西哥中部和沿海的城市进行交易。

贸易是玛雅经济活动中不可分割的一部分，是玛雅文明发展的重要因素。一些实力强大的城市控制着陆路和水路运输线。不同历史时期较大的高地城市，比如卡米纳尔胡尤、乌塔特兰等控制着黑曜石的产地，而北部较大的低地地区城市，如昆切、泽比查尔顿、奇琴伊察和玛雅潘等则控制着盐沼。

一些玛雅大城的兴衰明显受到它们所掌控的商贸路线变化的影响。玛雅城邦会利用自身的地理位置，与北部的墨西哥文明和南部的中美洲文明进行货物交易。通过长途贸易路线获得的物品使得王室占有更多的财富，统治者也通过贸易所得的奢侈品展示其威望，巩固其地位。

玛雅人没有发明轮子，不懂得车轮技术。因此，他们从来没有使用过带轮子的货车，这使得他们运送货物费力费时。

玛雅人陆路运输最信得过的方式，似乎就是人力搬运。即便在今天，贫穷的玛雅人没有钱买驴子或自行车运送东西时，仍然选择背扛肩挑。搬运夫将东西背在背上，用一根背带系牢，

↑ 蒂卡尔遗址

背带交叉着套在额头上，这样既可以分摊重量，又可以腾出双手进行其他活动。

你知道吗

可可豆的营养价值

科学家发现，可可含油酸、亚油酸、硬脂酸、软脂酸、蛋白质，维生素 A、维生素 B_1、维生素 B_3、维生素 B_5、维生素 B_6、维生素 D、维生素 E，矿物质钙、镁、铜、钾、钠、铁、锌；纤维素；多酚，包括低聚体类黄酮物质，其中主要有黄烷醇低聚体——原花青素和单体儿茶素，以及多聚体单宁；含苯乙胺、可可碱等。此外，可可含有 500 多种芳香物质，可可熔点为 $35℃\sim37℃$，味道和口感令人回味无穷。

除了陆路运输以外，玛雅人还通过水上运输路线运输货物。水路运输包括河运和海运。低地地区最早的聚落是沿河流与海岸分布的，因而借助独木舟很容易在这些区域往返。

在古典期末期，水路运输占据着主要地位。这一时期的商用独木舟在奇琴伊察的一些壁画中有所描绘。截至后古典期晚期，尤卡坦半岛沿岸就有 150 多个港口。玛雅人的独木舟用一根掏空的树干制作而成，上面有棕榈叶顶篷遮蔽阳光，可以为妇女和儿童挡风避雨。一艘普通的独木舟可以容纳 20 多人。

玛雅地区的一些大城市，比如蒂卡尔、埃尔米拉多、卡拉克穆尔等，控制了当地主要的水、陆运输路线。奢侈品从中级城市被逐级运送到下级城市，大多数商品直接在集市上进行物物交换。这种集市可能是在城市中心的广场上临时搭建的。

玛雅人与自然资源

与大自然朝夕相处的玛雅先民，有着相当惊人的动植物知识。他们对各种野生植物的性状了如指掌，例如基纳坎特科斯部落人单单蘑菇一项，就采集了十多个可食用的品种。他们会选用芫荽等许多植物作调味品，会采摘野菜烹制别具风味的佳肴。

对于野生植物的药用性能以及在宗教仪式活动中致幻等神秘性能的运用，玛雅人也是行家。

居住在乌苏马辛塔河以西偏远地区的拉坎冬部族，由于没有受到殖民地时期欧洲文化形态的影响，还较多保留着古代玛雅先民的风貌。他们对大自然丰富的植物资源，有着极广泛的利用。20 世纪初曾在那儿生活过的阿尔弗雷德·托泽惊奇地注意到："土著们实际上把每一种树、草、灌木都用于食物、药物或他们的一些艺术创作中。"这里可以列一张简表，约略一观拉坎冬人如何利用植物：

植物或植物果实	用途
1. 红木	独木舟
2. 洋苏木	箭杆，燃料
3. 松香	香料
4. 橡树汁	树胶
5. 油松	火炬
6. 藤蔓	扎房架用，其他编织品
7. 棕榈叶	盖屋顶
8. 番石榴	食物
9. 罗旺子果	食物
10. 鳄梨	食物
11. 椰子果	食物
12. 番木瓜	食物
13. 番荔枝	食物
14. 可可豆	巧克力，仪式中饮料，榨油

↑玛雅壁画（1）

玛雅人利用植物的手段有很多。如他们从生活在一种仙人掌上的昆虫体内提取出红色染料。这一技术的广泛运用，使玛雅的壁画更加绚丽多彩。

↑玛雅壁画（2）

玛雅人有一个美丽而又富有哲理的传说：曾经有一天，伊扎王到野外采药，突然被一种像剑一样的植物刺伤了。他很生气，就命人拼命地抽打这种植物以泄胸头怒火。不料，人们却发现抽打出了洁白坚韧的纤维。后来，玛雅人就用这种纤维制作绳索，派上了极大的用场。这种植物就是龙舌兰（又名世纪树），用其纤维制成的坚韧绳索，是玛雅人一项重要的发明。这个传说恰好浓缩了玛雅人适应自然、利用自然、创造文明的艰辛而又欢乐的历史。

自然资源的分类

　　自然资源具有可用性、整体性、变化性、空间分布不均匀性和区域性等特点，是人类生存和发展的物质基础和社会物质财富的源泉，是可持续发展的重要依据之一。自然资源可划分为：生物资源、农业资源、森林资源、国土资源、矿产资源、海洋资源、气候气象、水资源等。

第二章　古玛雅的社会生活

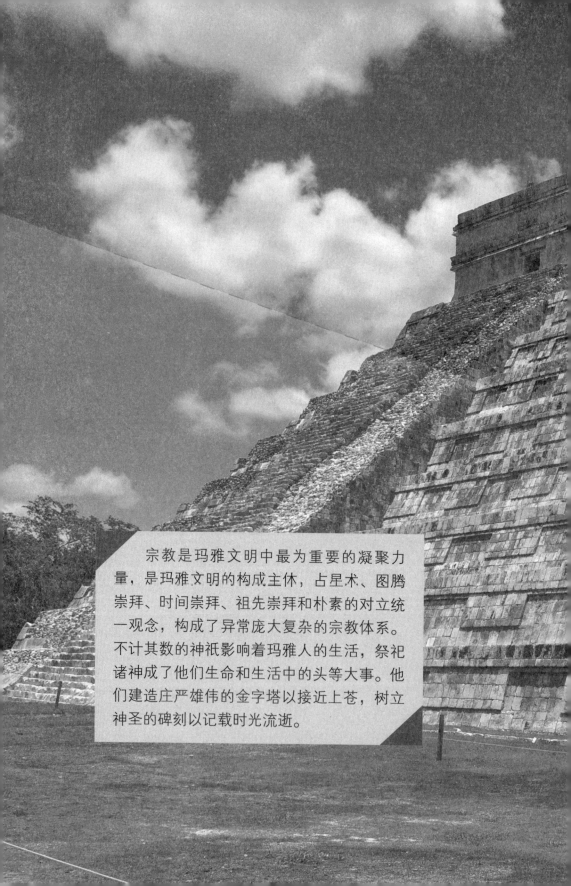

宗教是玛雅文明中最为重要的凝聚力量，是玛雅文明的构成主休，占星术、图腾崇拜、时间崇拜、祖先崇拜和朴素的对立统一观念，构成了异常庞大复杂的宗教体系。不计其数的神祇影响着玛雅人的生活，祭祀诸神成了他们生命和生活中的头等大事。他们建造庄严雄伟的金字塔以接近上苍，树立神圣的碑刻以记载时光流逝。

第三章

古玛雅神秘的宗教

玛雅人的宗教观念

　　玛雅宗教有一种极强的二元论倾向。在他们的万神殿里有明确的善恶之分，好神和恶神共同左右他们的生活。好神，如雨神、蛇神，带来雷电、降雨、丰收；恶神，如死神、战神，则会带来死亡和毁灭。好神和恶神之间永恒的冲突，在一幅玛雅绘画中得到了很好的说明。雨神恰克对一棵小树表现出呵护之情，努力扶持小树生长；而死神阿·普切却将小树一劈为二。好神和恶神不仅通过彼此争斗来控制人们所赖以生存的自然，还竞相争取人的灵魂。玛雅人深信，他们的一切祸福都取决于神的情绪和力量，这也是祭祀、庙宇在玛雅社会生活中占据如此重要地位的一个原因。

　　然而，也就是通过这种宗教二分机制的设立，玛雅人将一种对立而统一的复杂机理深深扎根在了意识中，致使他们不可能用静止的单向思维来看待世界：在小树苗壮成长的时候，他们会意识到死神随时可能以各种方式将其摧毁；在和平丰收的季节，他们仍然要为随时可能来临的灾难而祭祀；他们始终能在乌云中看到太

↑玛雅宗教活动的模拟图

阳，在胜利时看到失败。这种祸福相继、无常为常的思想，从幼年起就扎根在每个玛雅人的心中。

玛雅的神话故事称，当世界还是混沌无序之时，居住在天界圣树上的好神鹰神便主持诸神会议，来决定河水的流向。诸神为此争论不休，很多神的意见认为，所有的河流都应既能往下游流淌，也能以同样的速度往上流。仲裁者鹰神也倾向于此，他觉得这样对于即将诞生的人类来说，日子就会很好过了，即便是逆水行舟也不费劲。但是，鸦神和貂神却不同意，理由是，这样会使得瀑布倒流，鲑鱼就不可能停下来产卵，当然人类就不可能捕获鲑鱼了。最后商议的结果：一切河流都往一个方向流动。由此我们可以看出，玛雅人在解释了自然界的现象的同时，也意识到一切事情均

↑鲑 鱼

有其利和弊。

玛雅的其他神话也表达了类似的观念。例如鹰神提议要把湖泊变成草原，让河流从草原穿过，以方便人类采掘和搬运食物。但鸦神认为不能让人类轻而易举地获取，他们应当先劳后获，辛勤地谋生。鹰神又想把鲤鱼造得个头更大些，好让人们饱餐肥大的烤鱼。鸦神则持反对意见，他认为不该让人们少劳多得。大地上的子民难免生老病死。鹰神对此很同情，他希望众神帮助人类死而复生。鸦神则认为正因为人死后不能重返人间，人类才会更懂得珍惜生命。总之，世界上的一切尽管应该是由好神统管，但事实上确实是按照恶神的意见做出安排的。

最初的玛雅宗教可能只是人们简单的自然崇拜，玛雅人把影响他们生活的自然力量人格化。太阳、月亮、雨水、闪电、飓风、山川、森林、河流等自然力量包围着玛雅人，其交互作用构成了他们渔猎生活的背景。

简单的自然力崇拜并不需要一定的组织形式，因此就没有祭司和秘传的知识来阐释，也没有一套祭祀的仪式来演示实践，也无须特别的地点来用于崇拜。毫无疑问，每个一家之主也理所当

然地是这个家庭的"祭司"，家庭庙宇无非是一处临时的小茅屋，紧挨着一家人的临时住处。这种情形直到现代，还能在个别偏远的玛雅部族中看到。

随着农业生产方式的兴起，玛雅人有了固定的居所和较多的闲暇时间。这时，玛雅宗教日益完善系统起来，众神也越来越特殊化。肩负着向群众诠释、传达神的意愿等责任的祭司发展起来，一种对更加像样的宗教场所（圣地、庙宇）的需要也因此增长起来，宗教逐渐成了一种少数人对多数人的事务。定居生活使得较为永久的仪式中心变得可能，人们也有信心去建立野心勃勃的圣地（花费长期艰苦的有组织的劳动），并发展出更加清晰的宗教意识。

在许多个世纪，或许有几千年的

↑ 刻有象形文字的石牌

时间里，玛雅宗教发展得相当缓慢，但个性化的神祇在发端，祭司集团在形成，繁复的仪式和精致的圣地（还不是石料建筑）也逐渐确立。这段时期结束于公元前300年前后，这段时期的发展催生玛雅人创造了先进的农业、高明的历法编年和精致的象形文字。

历法、编年和象形文字这三项祭司的发明，给玛雅宗教带来了重大的转折，使得它越来越复杂化和形式化。独特的宗教哲学渐渐成型，它围绕着日益被重视的天文现象，包含着历法编年中的神祇。考古发掘工作基本上证实了这种重大的宗教转折，公元前3世纪就是其重要的时间标志。

从这以后，特别是现存材料较多的玛雅古典时期，玛雅的宗教哲学并无重大的变化。它相因相袭，历经千年却并没有大的突破。也许是因为玛雅人把创造的潜能都宣泄到需要耗费大量人力、物力、精力、心力的石料建筑、雕刻中了。那种劳神费力的方式，乃是精神上不断重复的"论证"和"固化"。

到了公元4世纪，玛雅文化，主要是它的宗教哲学上鲜明的特征，已经牢固地确立下来了。在那些被认为是玛雅文明重要策源地的地区，如佩滕湖畔，玛雅宗教业已成为一种高度发达的"迷信"。它以自然力量的日益人格化与越来越成熟的哲学的复杂融合为基础，天体被神格化，时间则被用世所罕见的各种各样的形式加以崇拜。这种由公众供奉的宗教本质上却是高度秘传的，它由一个组织严密的包括天文星相家、数学家、先知预言家和精通仪式者的祭司集团掌握和诠释。随着它与社会生活越来越复杂地交织在一起，又派生出世俗的力量参与诠释和主持，这也就是"巫王共源"的文化史规律在玛雅的体现。

↑ 羽蛇神建筑

10 世纪以后的后古典时期，政治与宗教的联姻日见明显，这或许也有外来的军事征服导致宗教冲突、变异的因素。也就是在这一时期，墨西哥中部的托尔特克人带来了人祭和偶像崇拜等较低级的东西。据古典期各种雕刻流露出来的和平主义宗旨看（几乎没有人祭），那时的玛雅宗教必定是庄严堂皇的，而不会像人祭那样残暴。

在这个玛雅文明的黄金朝代里，似乎也没有广泛使用偶像的现象——无论是石头的、木质的还是陶制的。而我们知道，宗教发展到高级阶段就会日益抽象化，日益针对人的心灵。如基督教就反对偶像崇拜，上帝无须经过具体的世俗形象也能在人的内心生根。而中国先秦也是因为不崇拜有具体形象的神灵才促生了理性主义和人本主义。

以 10 世纪为转折，玛雅宗教除了继续建造公共的大型宗教场所和偶像雕塑之外，政治贵族、宗教祭司和社会贤达们也都在各自的家中设立了小型祈祷场所和私人专拜的偶像，私下里做着祷告和献祭。有意思的是，他们的偶像多得令人瞠目结舌，几乎把每一种动物或昆虫都当成一种神来崇拜。一位 17 世纪的西班牙传教士在描写佩滕—伊扎湖畔最后一个独立的玛雅城堡塔亚沙尔时写道："他们的公共偶像，就像鳞次栉比的街道房屋一样多。"有人说玛雅偶像有 10 万个以上，甚至有人说有上百万个。即使这两种说法有夸大其词、言过其实之处，但几乎所有当年游历过玛雅地区的人都见识过玛雅人所拥有的巨大数量的偶像。实际上，每个玛雅人，无论是贵族还是祭司，无论是富人还是穷人，全都有他自己的偶像崇拜物。

在这么多神灵中，有许多是专职祭司的创造物，我们不妨称这种"创造"仍是祭司们欺骗人民的手段。普通玛雅人，即那些种玉米的农夫，用血汗维持着整个庞大复杂的政治、社会、宗教体系。他们认为人之所以能活着，是得了雨神恰克的恩赐；假如神一发怒，他们也就要遭殃了。这样一套观念及其在世俗生活中的功能，构成了玛雅人世界的"真实"情况。中美洲各民族普遍信奉羽蛇神。这个大神，在阿兹特克文明中地位很高，也就是说在玛雅文明区以北的墨西哥盛行，而在玛雅人中的地位则有所不同。如古典时期，玛雅"真人"所持的权杖，一端为精致小人形，中间为小人的一条腿化作蛇身，另一端则为一个蛇头。但是，从玛雅祭祀活动和神话中看，似乎并没有明确的羽蛇神的形象。到了后古典时期，权杖上的蛇形出现了多种变形，基本形态完全改变，成为上部羽扇形、中间蛇身、下部蛇头的羽蛇神形象。

后古典时期的玛雅人确实对羽蛇奉若神明，甚至可说至高无上。事实上，羽蛇神是一个舶来品，是北方墨西哥的托尔特克人入主

↑ 中国龙

尤卡坦半岛玛雅地区时带来的北方神祇。羽蛇神的名字叫库库尔坎，是带来雨季，与播种、收获、五谷丰登有关的神祇。很显然，只有中心转移到干旱的尤卡坦半岛的后古典期玛雅文明，才需要这样一位能带来雨水的神灵，而古典期玛雅文明的中心地处热带雨林区，根本就不会有这样的宗教需求。

羽蛇神与雨季同来，而雨季又与玛雅人种玉米的时间相重合，因而羽蛇神成了玛雅农人最为崇敬的神祇。在现今留存的玛雅古城奇琴伊察，就有一座以羽蛇神库库尔坎命名的金字塔。在金字塔的北面两底角，雕有两个蛇头，每年春分、秋分两天，太阳落山时，可以看到蛇头投射在地上的影子与许多个三角形连套在一起，成为一条动感很强的飞蛇，象征着在这两天羽蛇神降临和飞升。据说，只有在这两天里才能看到这一奇景。所以，现在它已经成为墨西哥尤卡坦半岛的一个著名旅游景点。而在当年，玛雅人可以借助这种将天文学与建筑工艺精湛地融合在一起的直观景致，准确地把握农时，也准确地把握了崇拜羽蛇神的时机。

羽蛇神的形象还可以在玛雅遗址中博南帕克画厅等处看到。它的形象，与中国人发明的牛头鹿角、蛇身鱼鳞、虎爪长须、能腾云驾雾的龙，着实有

几分相像。在蛇身主体加腾飞之势（羽蛇的羽毛）的基本组合以及艺术表现手法方面，如云纹、弯须之类，相似度很高。许多到过玛雅遗址的中国人，都惊异于这种相似性；外国的一些学者中间，也广泛流传着两者类似的说法。此外，如画厅屋顶上画的羽蛇头、玛雅祭司所持双头棍上的蛇头雕刻，与龙头也极为类似。而且，羽蛇神崇拜和中国对龙的崇拜都与祈雨有关。然而，要证明中国龙与中美洲羽蛇神的传播、吸收关系，难免有很多牵强之处，并不能简单地在羽蛇神和中国龙之间画等号。

玛雅地区的水资源分布是非常不均衡的。尤卡坦半岛的整个北部地区几乎没有河流，气候干旱，降水量极为有限。玛雅地区越往东南越湿润，热带雨林气候特征越明显。降水的地区性变化与地形地貌的差异相结合，造成了玛雅地区资源状况与经济生活的差异。从北部广大的平原说起，这片土地上现存着玛雅后古典时期（即新王国时期）最重要的几个城市中心奇琴伊察、玛雅潘和乌希马尔的遗址。10 世纪以后，玛雅文明的重心转移到这里。这片土地的自然条件与古典期文明中心所在地区完全不同，这也使得后古典期玛雅文化出现异变。干旱地区的玛雅人，生存的第一问题是水。所以，辉煌的奇琴伊察城就建在两个

大型石灰岩蓄水坑边上，这两口天然井成了玛雅人的"圣井"。奇琴伊察若逐字转译，即是"伊察人的井口"。这里的人们最担心的就是天不下雨，于是，玛雅宗教史上一个重要的新现象出现了——雨神恰克日益受到崇奉，地位大有凌驾于第一大神天神伊扎姆纳之上之势。我们固然可以把这些变化归之于来自中墨西哥托尔特克人的影响，但是不可否认，缺水问题才是导致上述宗教变化的根本原因。正是因为玛雅人对雨神的祈求（实则是对水源的渴求）变得极为迫切，才使得他们的献祭活动愈演愈烈，献祭的规格越来越高，最后竟出现了血淋淋的人祭。即使人祭活动确系舶来品，那么后古典期其"发扬光大"也与人对水的迫切渴求有关。玛雅祭司们的主要工作从后古典期开始也变成了求雨，这种情况直到20世纪70年代末还曾有来访者目击——小村子里一位年届八旬的老祭司主持祈雨迎神活动，他向恰克祈祷："啊！云，我恳求您马上来临，带给我们生命。雨神恰克啊，我奉献面饼和肉食给您……我对您的请求是给农民以生命，下雨吧，在他们劳动的地方，重新给他们以生命吧！"

玛雅的血腥人祭

为了讨好神灵，玛雅人会选择献上烟草、果子、蜂蜜、鱼肉、羽毛、兽皮、贝雕、玉器等，有时也献上活的动物，甚至用活人血祭。至于献什么，往往与他们愿望的紧迫程度有直接关系。若是为了治病疗患、解决麻烦、打猎收获之类的事情，那么献上一点食物、饰品也就可以了。若是为了请神灵关照大事，如洪水、瘟疫、蝗灾（频繁发生）、饥荒等，那么就要不惜流血了。尤其是向雨神祈雨的时候，更是非人牲献祭不可。

玛雅人为自己各种各样世俗的愿望寻找超自然的帮助。为了从心理上实现人神之间的"等价交换"关系，无论个人还是整个部落都逐步发展出了一套适合需要的仪式。通常每个仪式都要经过六个阶段：

←活人血祭场景

（1）先行斋戒的节欲，包括主祭祭司和本人暂时禁忌性生活，这是精神上洁净的象征。（2）预先通过祭祀占卜来择定吉日，玛雅观念中每一日都有特定的神灵专门掌管。（3）先行驱逐参加仪式礼拜的人当中的邪恶精灵。（4）对着崇拜物焚香。（5）祈祷，向神灵提出要求，等到开列完"货单"之后，就该轮到"支付货款"了。（6）献祭，献祭中最为虔诚的做法，就是献血。牺牲流出的血涂在神灵偶像的脸上，这个恶习常常使得祭司们污臭不堪，因为他们自己也涂血，以至他们的头发常因凝血而板结。

玛雅人的血腥祭仪似乎可以分成两种类型：一是自虐，一是行凶。

自虐型的仪典是在虔诚的气氛中进行的。除了有一般的供品奉献给神灵之外，善男信女们还会把血液奉献出来。他们用石刀或动物骨头、贝壳、荆棘等锋利尖锐的东西，给自己放血。割破的部位遍及全身，因人而异，有时是额头、鼻子、嘴唇、耳朵，有时是脖子、胸口、手臂、大腿、小腿，直到脚背，甚至还割破阴部取血。

玛雅人著名的神话《玉米神》中，就反映了各部族竞相向神灵表示最大虔诚的景象。在玛雅人看来，比付出一般贡品更珍贵的，自然是付出自己的血肉。因此，自虐的痛苦就变成了虔诚的美德。他们对神灵这样说："尊贵的托

肖，请聆听我们的祈祷，明视我们的供奉吧！我们给您奉献这些微薄的贡品，虽不足以弥补我们的过失和由于资源贫乏造成的疏忽，谨献上我们饲养的动物的血，和脚上厚茧下的血。请收下我们的心意，用温和谅解的目光瞧我们一眼吧！"

趣味点击

清明节祭祀

清明节即是悼念亡人之节，是和祭祀天神、地神的节日相对而言的。清明节祭祀的参与者是全体国民，上自君王大臣，下至平民百姓，都要在这一节日祭拜先人亡魂。因此，又被称为"鬼节"。从唐朝开始，朝廷就给官员放假以便其归乡扫墓。据宋《梦梁录》记载：每到清明节，"官员士庶俱出郊省墓，以尽思时之敬"。参加扫墓者也不限男女和人数，往往倾家出动。这样清明前后的扫墓活动常成为大众亲身参与的事，数日内郊野间人群往来不绝，规模极盛。

当神灵满意地答复他们，并给予"为那些不信神的不幸的人们，你们哭吧！而你们却不会死去"的神谕之后。这个部族便开始了掠杀其他部族

的勾当。于是，虐杀其他
"不信神"的人，就成了敬神
的表现。

凶杀型的仪典，据说是
源于这样一个信仰：如果不
用人的心脏持续不断地供奉
神祇，那么这些神祇就会丧
失保持现有宇宙秩序的能力。
作为牺牲的人，先是被涂成
蓝色，头上戴一尖顶的头饰，
然后在庙宇前的广场或金字
塔之巅受死。

献祭仪式具有潜移默化的
教育功能。杀人献神活动除了
隐含教人服从、敬畏、认同等
意义之外，主要是教人敢于战
斗、敢于死亡，甚至还象征性
地让人宣泄杀人的欲望，获得
替代的满足。

当征服中美洲的西班牙人
看到人祭的场景时，非常惊
恐。自从公元前206年迦太基
迦南人的统治结束之后，这种人祭在
西班牙便不再流行。尽管西班牙人在
战争中仍然继续屠杀自己的同胞，并
且处死所谓的宗教异端，但血淋淋的
人祭还是给了欧洲人蔑视玛雅人提供
了最好的理由。

人类学家研究证明，这一风俗的
历史相当久远，也相当普遍，许多民
族都曾流行这种做法。《圣经·旧约》

↑《圣经》

告诉我们，犹太人就曾经这样来取悦
上帝，他们拿亲生长子作牺牲来表示
最大的虔诚。这个血腥的牺牲品后来
由可怜的羔羊来替代。

有一种为玛雅血腥人祭辩护的说
法，认为古玛雅自古典时期几乎没有
人祭，那时雕刻中的温和形象就体现
了他们和平主义的宗旨。人祭是由后
古典时期从墨西哥入侵的托尔特克人

带来的，因此 10 世纪之后，原本庄重的玛雅信仰也变得卑琐起来。考古学上证明了这一点，10 世纪之前玛雅宗教并没有发生变异，变化是野蛮的征服者造成的，尽管后来征服者与被征服者同化了。16 世纪西班牙人根据当时的传说，也证实了这一点。这让我们想到，玛雅人在其和平发展的黄金时代里，如果没有外部的威胁，就不需要尚勇尚武的习俗了。事实上，10 世纪以后频繁的战事，才促使他们感觉到"嗜血"的必要，才使他们非要用血与火的洗礼来换取民族生存发展的竞争力不可。受玛雅文化影响很大的阿兹特克人，甚至与邻近部落专门缔约，定期重开战端，不为别的，只为了捕获俘虏，以用作人祭的牺牲。

玛雅世界中的神灵

玛雅神话认为世界经历了几个时代，每个时代皆因洪水泛滥而结束，今世亦将如此。起初世界处于黑暗之中，以后神创造了日、月，并用泥土造人。世界共有十三重天与九层地，地依存于巨鳄的背上。时间是玛雅人宇宙观的一个重要的组成部分，他们认为时间就是神。对于人死后之事，看法则因地区而异。尤卡坦等地的奎克人认为人死后将下到九层地狱，而拉堪顿斯人则相信人死后可以永远生活在地球上的一个无忧无虑的富足之处。众多神灵中主要有雨神恰克及玉米神尤姆·卡克斯，还有蟾蜍形的地母神、北方死神、身穿珠裙的南方女神、东方神库库尔坎和战神等。最高神灵是天神伊扎姆纳，为祭司的保护神，也是文字和科学的创造者。祭祀活动择吉日举行，礼仪隆重，献祭者要先禁食禁欲。通常的礼仪是焚香、献巴克（用蜂蜜与一种树皮酿制的饮料）、耳舌放血、献祭动物及献舞，以活人献祭只是到后期才盛行。

祭司为世袭制，居住在祭祀中心，分管献祭、解释经书并预告未来等。各省皆有祭司学校，由高级祭司教授历史、占卜及凿刻文字等知识。当时玛雅宗教的体制、仪式与组织都已相当完备，并有复杂的神学。宗教渗透到整个社会的政治生活中，支配着玛雅文明的各个方面。16世纪20年代西班牙入侵之后，天主教的礼仪、信仰又与传统的玛雅宗教融为一体。

由于人们需求的多样性，使得神灵变得五花八门。玛雅各种级别、各种法力的神灵多如牛毛，几乎每一个事物都有它自己的神灵。在这庞大的神族里，最有力量、最常被人祈求的神灵并不太多，只有十来个神参与大多数的崇拜仪式，而其他神灵只在特殊的场合或为特殊的需要才被求助。

伊扎姆纳神族

从存世的玛雅经卷来看，伊扎姆纳神族构成了玛雅神系的主干，他们的地位显赫无比。该神族主要神祇如下：

1. 创始神乌纳布（乌纳布库）：玛雅人认为他是世界的创造者。但是，在玛雅人的思想中，这个神并不起多大的作用。也许是太遥远太抽象了，他对人们的生活无甚影响。

2. 天神伊扎姆纳：在玛雅人信奉的神中，龙形的伊扎姆纳地位最高，他是玛雅众神之首，是"天堂之主"，

他领导着其他各种神。他的人形形象似乎是一位上了年纪的男性，没有牙齿，脸色古铜，长着引人注目的罗马式的鼻子，间或有些胡须。玛雅建筑浮雕上，或者单刻他的头，或者专刻他所代表的那个日期的符号（Ahau），代表着主宰。他是 Ahau 这一天的保护神，这一天是 20 天周期的最重要一天。他是昼夜的主宰，太阳神可能只是他的一个表象。他是玛雅文字的发明者，也是尤卡坦各地命名并划分区域的最高祭司。这听起来颇像中国神话中的大禹。伊扎姆纳还是历法和编年方法的发明者。另外，由于他常常对付灾荒病害，故而也以药神的面目出现。总之，他对待人们是非常友善的，像是一位慈爱的父亲，玛雅人需要他在天上照看自己。

↑雨神恰克

3. 雨神恰克：恰克是一位后来居上的保护神，他大约是后古典时期从墨西哥中部"移民"来的。他的形象颇为特别，长着尖长鼻子，弯曲的长獠牙一前一后伸出来，头饰是打结的箍带。他的名符是一只眼睛，边上一正一反的空心"T"形，既代表眼泪，也代表雨水和丰饶。他同时也是风神、雷电神、丰产神、农业神。那个从东、南、西、北

四个方向，红、黄、黑、白四个大缸里取水行雨的善神就是他。由于与玛雅人农业生产息息相关，他受到的崇拜最多，在存世经卷里218次出现他的名字。

4. 玉米神尤姆·卡克斯：玉米神在玛雅人的崇拜偶像中是第三重要的神，他象征着生命、繁荣和富足，是个善神。他的形象年轻清秀，通常用玉米作头饰。他是个勤俭的神，有时又是森林之神。他有不少敌人，这大概也是玉米生产时常遭遇自然灾害的实际情况在神话中的反映。这位谷神头饰有不少变体，他出现的场合也千变万化，和雨神在一起时象征着受到庇护，而与死神同在时斗争一定很激烈。

5. 死神阿·普切：他的形象比较可怕，骷髅头，无肉的肋骨，多刺的脊柱。假如他穿上衣服，则用黑圈圈来代表腐烂。他的头上颈上系着金质小铃铛。他的名符有二：一是闭目的头像，象征死亡；另一个是没有下颚的形象以及用来杀牺牲的刀。他的保护日是Cimi；他是第九层地狱的主宰，一个十足的恶神。他总和战神、人牲的符号一同出现，或者与猫头鹰等被认为是与罪恶凶兆为伴。他在病人房前徘徊，为的是猎获那些可怜的人。

6. 北极星神夏曼·艾克：他的鼻子形状扁平，名符就是他的头像，颇似猴头。他被视为商旅的指南（实际是指北）。这是一位好神，玛雅历的Chuen日归他保佑。

7. 黑战神艾克·曲瓦：他是黑色的形象，他的相貌有时长得像北极星，其下唇肥大下垂，嘴外圈总是红棕色。他的名符具有两重性：作为恶神，他手持利矛，在洪水灾难和残酷战斗、杀俘活动中出现；作为好神，他像个背着货物游走各地的商旅。他保护着可可的种植，为他举行的仪式在Muan日。

8. 战神乌拉坎：玛雅人认为他是战争、暴死、人祭三位一体的神祇，他总是与死神有关。他的眼眶边有黑线，一直伸到脸颊。他的名符是头像，前边的符号是玛雅数字11。他的保护日是Manik，标志是握紧的手，代表抓获了战俘或献祭的人牲。在那些临祭场面中，他与死神一同出现。作为战争之神，他一手执火炬烧房子，一手用剑拆房子。

9. 风神：即著名的羽蛇神，他可能就是玛雅—墨西哥著名的文化英雄库库尔坎，一般被描绘为长满羽毛的蛇的形象。他在后古典时期出现，是一个部族强人被神话化的结果。他与雨神一同出现，为雨神扫清道路。这个好神庇护玛雅历的Muluc日。

10. 月亮女神伊希切尔：她同时还是一位主管水灾、纺织和怀孕的女神。

这是一个怒气冲冲的老太婆，她的小瓶子里盛满洪水，她一发怒，就对人类进行惩罚，向大地倾倒，我们从大地为水灾所灭的图中可见其威力。但她也有善意的一面，作为天神伊扎姆纳的配偶，她代表月亮。太阳神、月亮神正好匹配。从她掌管纺织一事看，她又是创造发明神。她被画得充满敌意，头上有一条扭曲盘绕的毒蛇；她的裙衩上有交叉骨头的恐怖图案；她的手和脚叉像凶猛动物的利爪，所以她又被称作是"虎爪老妪"。

11. 自杀女神伊希塔布：她的性别特征极为鲜明，夸张地描绘了她的胸乳。她的双眼紧闭，意味着死亡；脸颊上的黑点，代表着腐烂。尸身死亡了，但她的灵魂却被天堂上垂下来的绞索接走了。

知识小链接

玛雅文明之根

玛雅文明之根在哪？一些中国学者经过长期的研究，从不同角度得出了玛雅文明之根在中国的结论。他们认为玛雅文明是中国文明的一个分支。玛雅人的十二生肖为虎、兔、龙、猴、狗、猪及六种与中国不同的生肖。这一点说明玛雅人迁出中国时十二生肖未定型或未统一，也可能是玛雅人对十二生肖作了改动，就像伊朗人用鳄代替龙、用豹代替猪一样。至于体征的相似，古史传说与神话的相近，玛雅文明各阶段的汉字、钱币、佛像、服饰等也含有中国元素。可以说小到衣食住行，大到国家形态，玛雅文明与古代中国文明（炎黄时代到战国时代）的相同点远远多于不同点。

学者们认为玛雅人在5000多年前就已从中国迁出，玛雅文明与中国文明各自经过了长期的发展，玛雅人的天文学、数学成就达到了极高水平，超过了中国。

以上观点是否成立，是否经得起历史的检验，还有待于人们进一步的研究。

玛雅人的虚幻世界

人神共居的宇宙

不同的民族有着不同的智慧，不同的民族有着不同的世界观、宇宙哲学观。古代玛雅人的世界观充满着炽热的情感和丰富的想象。在他们眼里，世界并不能用我们所熟悉的气候、地质、植物、动物和诸如自然环境等术语来定义。玛雅人是睿智的，他们用自己的心灵、头脑甚至双手为宇宙排列了次序，他们眼中的诸神各居其位，各司其职。这是一个既能满足他们自己，又满足于那个时代的宏大完美的思想体系。在玛雅人的宇宙观中，人类社会介于魔鬼的下层世界和神的上层世界之间，随时都有可能遭受毁灭性的打击，十分危险。所以，为了不让这些毁灭性的力量降临，他们诚惶诚恐，对神诚心侍奉，并不惜以鲜血祭神。因为他们相信，只有让神感到满意，宇宙才能运行平稳。

这些信仰将玛雅人的世界观和道德观统一起来，他们构想出自己的宇宙空间结构和诸神的身份。形成世界的沉沦、圣城的至高无上、生命的轮回演变、死亡的不可逆转、贵族和国王的作用以及宗教仪式的目的等观念，并通过自己的艺术、建筑和手工艺品把超自然神灵、宇宙的神圣莫测以及统治者和贵族的崇高地位鲜活地展现了出来。这样一来，玛雅人的世界，就显得与众不同了。

在玛雅人的宇宙概念体系中，宇宙万物是一个统一的整体，物质世界与其他领域密不可分地交织在一起。那些超自然的、无法控制的、超感觉的神秘体验，原本就是玛雅人日常生活的一部分。玛雅人个人活动的空间不但没有被现实世界的界限所框定，甚至还延伸到了天堂和冥界。不仅如此，时间和空间还水乳交融地统一在一起。就连神灵也不是高高在上，而是现实世界的一个折射，是时间和空间的某个侧面。这就是玛雅人博大统一的神学和哲学观。

神秘的宇宙观

在古代玛雅人的宇宙观念中，宇宙到处充满了与诸神产生共鸣的神秘莫测的力量。祖先和众多神灵不仅存在于上界和下界，而且还与人类和其他动植物一起分享中界，即地球资源。诸神将中界的那些奇异神秘之所定为自己的领域，感召人们在那里生活并进行营建住处，举行各种宗教仪式。古代玛雅人认为，众神所体现出来的神性，充满了这个由合理原则与和谐秩序共同构成的宇宙。所以他们在构想宇宙情形的时候，创造出一种由水平空间和垂直空间相互结合的空间模式。其中，垂直空间被分成三大领界，即上界、中界和下界。

上界：诸神活动的舞台

太阳和众多星座在天空所流经的区域构成了上界，这是诸神活动的舞台，神灵的各种意志和神谕通过上界诸星座的变化体现出来。死者离开中间世界时，他们会沿着一条明亮的银河前行，进入上界。不过，有这种资格的只是那些在战争中阵亡的武士、在生育后代时死去的妇女，以及祭司、国王等。金星闪闪发光，明亮耀眼，在天空中经常呈现出各种不同的形状，玛雅人将它同战争联系起来，认为它是某种权势和潜在危险来临的标志。当统治者对外征伐时，他们总要依据金星的变化预测吉凶之后，才安排作战时间。另外，祭司要时常记录金星的变化，以便指导他们频繁的战争。星空中，太阳、月亮和地球等运行的水平轨道被称为"黄道"。而古代玛雅人则将其看成一条双头蛇。黄道与双头蛇之间有一种隐喻关系，这在玛雅语中也有所体现，如他们所用的"天空"和"蛇"是同一单词。

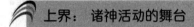

中界：五片梅花瓣结构的空间

古代玛雅人认为，中界是一个呈五片梅花瓣结构的空间，由四个世界及其中心构成，这一概念在玛雅宇宙观中最为重要。玛雅人认为宇宙的中心轴是一棵枝叶茂盛的极大的木棉树。树枝上栖息着一只圣鸟。木棉树的树枝直刺天空，可达宇宙之顶，笔直的树干钻入大地，树根向下延伸。三个垂直世界所释放出来的超自然能量，沿着木棉树这条生命之轴上下流动，为死者灵魂进入下界提供了通道。另外，当人类乞求神灵帮助时，神灵也可借助这棵木棉树进入中界。世界的四个主要方向，也通过各自对应的树木和圣鸟形成各自的中心轴。中界的这种五片梅花瓣的空间结构在玛雅人的建筑和玉米地中都有所体现。

玛雅人居住的房屋一般为单间结构，屋顶铺上树叶挡雨避风。在房屋的四角分别立有四根支柱，这与天地间四个主要方向的四棵木棉树相对应。而第五根支柱则立于房屋中心，被视为世界中心的那棵木棉树。

除民居外，这种五片梅花瓣结构还体现在家庭用的炉膛上。由三块摆成三角形的石块搭建而成的炉膛，模仿了玛雅宇宙炉膛的结构。在玛雅人的宇宙观念中，宇宙炉膛就是夜空中那个排列成三角形的星座，正如宇宙炉膛的三颗星星包围着一凹云状的星云一样，家庭内炉膛的三块石头也包围着一团散发着热量的焰火。同样，玛雅人的玉米地也效仿了中界的五片梅花瓣空间结构。玉米地的四角立有四根支柱，这些支柱所形成的界线将中间一块种有玉米的田地包围起来。尤卡坦半岛上的现代玛雅人仍用古老

的仪式向雨神祈雨，他们在仪式中用的木制神坛仍以四根支柱支撑，这与古代玛雅人宇宙中的四根支柱的用法相同。神坛穹顶用弄弯的树枝铺成，代表星空，而其平坦的表面则象征着大地。总之，这种将宇宙空间结构观念融入日常生活的古老做法，一直延续到现代玛雅人的生活中。

下界：孕育生殖力量的潮湿之地

同上界一样，玛雅人认为下界也是一个存在着超自然力量的领域，下界从上到下共分为九层。在一些玛雅人有关宇宙的记载中，下界被称作"西巴尔巴"，是一个孕育生殖力量的潮湿之地，并流淌着两条河流。

下界虽然孕育着生殖力量，同时也是腐朽和疾病并存的恐怖之所，玛雅人对这里心存恐惧，认为自然死亡的人最后都将被分派到这里。玛雅人认为通过湖泊、井泉等便可进入下界。

除运用地理模式的术语来构想宇宙空间外，玛雅人还借用自然界中的一些隐喻来阐释宇宙空间结构。其中一个隐喻与荷花池中的一只大凯门鳄有关。凯门鳄粗糙的脊背象征了崎岖不平的地球表面，因为地球表面不仅被农民犁成沟畦，而且太阳炽热的高温又将土地烤得泛起皱褶。还有一个

隐喻提到一只在原始海洋中游泳的海龟，同凯门鳄粗糙的脊背一样，海龟凸凹不平的背壳也酷似地球表面，有些帕瓦吞神的形象，在背部也被添加了一个海龟壳，这显然也是将地球隐喻成海龟的例子。除此之外，海龟的形象还反映在夜空中，其中有一个星座就被认为是一只海龟，这就是猎户座。

轮回循环的时间观

时间在现代人的哲学中似乎是线性的，但在玛雅人的观念中，时间却是轮回环转的。玛雅人的循环时间观揭示了这样一个道理：时间不是静止的，是有方位和可测量的。时间能被分成用数学来处理的等级单位，用以统计已消逝的时间数量，并对未来做出设想。由于时间是轮回环转的圆圈，因而圈中的各个点位不再具有唯一性。当特定的时间单位循环重现时，从前与现在就被叠映再现，此时与彼时相互交错，今天同于过去。从而，玛雅人的世界和哲学形成了一种一以贯之的完整结构。由此来理解玛雅无所不在的超自然神灵，逻辑上顺理成章。

玛雅人认为，每一天和每个数字都有自己的庇护神。这些崇拜与玛雅人的一种重要观念有关。汤普森曾说过："玛雅认为各个时间段可以作为

重负，由神祇轮流背负着走向永恒。这种重负放在背上，通过套在前额上的宽背带来承受重量。在大多数精心雕刻的象形文字图案中，一位神祇把手伸向前额，要将宽背带摘下来，其他神祇已经卸下重负；白天过去之后，夜神将接过这个重负继续前行，他正背着重负慢慢站立起来用左手帮助减轻宽背带承受的重量，右手撑在地上以稳定身体——这是印第安人负重者继续行程时的典型场景。"

科潘遗址有一块石碑背面的"初始系列"日期是玛雅人将时间作为重负的极好例证。在石碑上，"巴克吞年""卡吞年""吞年""维纳尔"（月）"金"（日）等时间概念都被拟人化地表现出来。他们的重负表现为不同的形式，包括大蟾蜍和豹皮包裹。某些神灵与其具体的时间片段相关，于是也就对此片段引起的各种事件，有了特别的影响力。另外，过去是现在的暗示。无论过去还是现在，都能用来预想将来。玛雅人这一循环轮回的时间观，自然就具备了可预卜和星占的性质。

第四世界的悲观人生

在玛雅人心目中有根深蒂固的宿命论，即该来的总要来，怎么也躲不

过去。这种宿命论也许就源自于一种第四世界观。

玛雅人相信自己现在生活于第四世界，在此之前曾经存在过三个世界。第一世界的居民是矮人，他们曾建造了许多雄伟壮观的城市，这些城市废墟仍遗留在玛雅人目前居住的地方。但矮人们所有的建筑过程都是在夜幕掩盖下进行的，因为太阳一出来，他们就变成了石头。考古学家在一些石祭台上发现了玛雅人雕刻的矮人模样。这些祭台是现今发现的最古老的祭台。

玛雅神话中所说的废墟中的石头人，也许就是这些石祭台上的石刻人形。

在玛雅神话中，第一个世界最终为一场大洪水所灭。第二世界的居住者是"侵略者"，结果他们也为大水所吞噬。第三世界居住的是玛雅人自己，普通的百姓，最终也为大水所淹没。

前三个世界分别为洪水摧毁之后出现了现世，也就是第四世界。这一世界里的居民是混合体，包括前三个世界留下的后代以及这个世界自己的居民。眼前这个世界未来也要被第四次大洪水所毁灭。

过去的世界一次次被洪水无情地摧毁，留下的只有石头和遗迹。而今天的世界再美好，也会有被摧毁的那一天，这就表现出玛雅人在面对灾难时深深的悲哀和无助。

因而，第四世界观充满了玛雅人悲观主义的宿命论观念，死神也因此在玛雅神殿中占有突出的位置。玛雅人相信，死神对人类的诅咒始终存在着，它们拖着腐烂的身躯，和那些善良友好、保护人类的神一起注视着人间，随时准备把手伸向毫无准备和防范的人。无论面对好神还是恶神，人类总是完全处于被动的状态。这些神的意志主宰着人类，人的生命直接取决于好神和恶神较量的结果。

玛雅人的第四世界观，现代人可以从他们社会生活的许多细节中得以体会。玛雅人的许多城市都有良好的排水系统，有些城市甚至建筑在半山腰上。玛雅人时时处处意识到毁灭性力量的来临，也时时处处防备着洪水的来临。

但玛雅人的第四世界观又不同于其他民族的一次毁灭的"世界末日"。第四世界观的说法还表达了玛雅人的积极的态度，他们对于命运的大灾变有着出奇开阔的胸襟和博大的气魄。洪水可以一次次地来，但人类还是一次次地组成世界；玛雅人的伟大就在于这无奈背后的泰然，就在于面临灭顶之灾的同时仍然孜孜以求地顽强生存。

玛雅文明虽然是世界各文明中成熟较早的一个，但灾害却从未远离过他们。玛雅人的灾难意识，始终同建设意识交织在一起。新世界可以从无到有，促使玛雅人生存至今的，应该就是这种百折而不挠的建设意识。到后来，不断突出的已不再是灾难的不可避免，而是人对灾难所采取的态度。传说中的灾难必定会来，在这样一种预知难免遭灾的心态里，他们不求无祸。而在灾难降临之前，他们又能知足常乐，既来之则安之。在每一次灾难过后，他们又能顽强地生存下去，创造出更多的文明。

因此，普通玛雅人对生活品质很少奢求，他们总是恪守本分，种地吃饭，很少追求过分的奢侈品，这种安于天命的态度与第四世界的基调非常和谐。今天的玛雅人仍然保留着这种传统，玛雅老人在自知即将离世之际，会平静地迎接死神。正是这种坦然和平静的心态，伴随着玛雅人度过一次又一次突如其来的灾难，使他们艰难而又顽强地存活了下来。

玛雅文明中最发达的是天文学，玛雅人探究天文星象最直接的动力就是了解天气变化，掌握四时雨旱的规律。玛雅人精确的历法、先进的数学，都是在这一动力驱使之下获得的，它们只是天文学的副产物。玛雅人搭建的精美的石建筑，也许并没有想过要将它们流传万年，不过他们肯定考虑到了飓风、暴雨等的侵袭。那些有着

↑结实的古代石头建筑

巨大台基的石头建筑，也许就是玛雅人为了在洪水到来时能逃离危险的建筑，也许那一级一级升高的金字塔就是他们坚不可移的"方舟"。

现代玛雅人

现代玛雅人基本上都以务农为生。他们聚居于中心村周围的各个社区中。中心村有公共建筑和住屋，在多数情况下，这些房屋大部分空着；有时也长期住人。社区居民除节日和集市外，都住在各自的农舍中。他们（尤其是妇女）的服饰，大体上仍为传统形式；男性较可能穿着现代的成衣。一度很普遍的家庭纺织业日趋式微，衣服大多是用工厂织的布料缝制。他们使用锄头耕地，遇到硬土时则改用铲子。尤卡坦人通常饲养猪和鸡，偶尔也养牛以为农耕之用。工业极少，手工艺品通常只供家庭之需。部分经济作物或当地特产经常销售到外地以换取现金购买本地缺少的物品。

现代玛雅人分布很广，具有共同的社会文化特征。西班牙殖民者入侵后，玛雅人受到不同程度的同化，已同他们所在国的居民基本融合。

充满宗教色彩的篮球比赛

据说如今大众参与性极高的篮球运动发源于美洲印第安人的一种球戏。更确切地说，是玛雅人的一种球戏。一面高墙上有个环形石洞垂直于地面，也垂直于墙体，赛球者要把球击进圆环。

奇琴伊察遗址的球场是一个典型。它坐落在一个大广场的东端，本身是个"1"型的封闭广场。它是中美洲各球场遗址中最大的一个，比现在一般的田径场略窄长些，长度为150米左右，两头各有一座庙宇。两条高高的平台挤出中间的比赛场地，平台靠场地形成两面高墙，墙上有环形球洞。临广场的平台上建有一个神庙，平台底层向广场开了一个外伸的暗室。

另一个平台的墙面上绘有球赛的场面和输家被推上神庙做人祭的场景。在玛雅文化区其他一些城市遗址，也大都有类似的球场被发现，但规模都比这150米长的球场小得多。后期的一些球场在场地形式上出现了一些变化。原来直立的边墙改成了斜坡，宽度大约与中间场地宽度相等。环形球洞也不见了，变成了两边各三个鹦鹉头形的标记。据说，球仍然是那种生橡胶制的球，重5斤左右，但不能用手或脚触球。而只能用膝部和臀部顶撞球。

所有球场都建在神庙旁边或干脆与神庙融为一体，可见宗教性的目的始终是存在的。

据另一种说法，球赛是起一种安慰作用，也就是那些不用去做人祭的一方故意输球给对方，让对方象征性地战胜自己，以胜利者的姿态光荣地登上神庙受死。

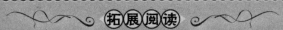

拓展阅读

篮球中的罚球

每名球员各有四次被允许犯规的机会，第五次即犯满退场（NBA 比赛为六次）。且不能在同一场比赛中再度上场。罚球是在谁都不能阻挡、防守的情况下投篮，是作为对队伍犯规的处罚，给予另一队的机会。罚球要站在罚球线后，从裁判手中接过球后五秒内要投篮。在投篮后，球触到篮筐前均不能踩越罚球线。

玛雅人灵魂中的天堂

　　玛雅人的天堂，位于十三层天之上，人的想象力所能达到的所有幸福美好事物，全都汇聚在这个玛雅人的天国。能够一步登天的那些人包括：国王、自杀者，战死的武士，做人祭牺牲的人，难产而死的妇女和祭司们。这份值得玩味的名单，实在让人费解。要说直接与天神交接并作为"天国"在人间的特命全权大使的祭司，可以直接返回天堂述职，这还比较好理解；做人祭的牺牲者可以进入天堂，也在情理之中，因为他们原本就是邮寄给天国神灵的礼物，总要让神灵们在天国签收吧。但是特意把难产而死的妇女放在"大使"和"邮件"中间，却出乎人的意料。细细想来，却也在情理之中。妇女生孩子虽是自然法则，但造物主并不能保证一件自然而然的事情万无一失。在现代医学普及之前，妇女难产死亡率是相当高的。玛雅人

为了复制自身，传承自己的文化，不能不把发给祭司、贵族的"天国护照"也爽快地发给生孩子的妇女。这种天堂之旅，在我们看来是无稽之谈，而对玛雅人来说这个许诺是实惠、庄重的。

　　另外，战死的武士有资格进入天堂，这也不成问题，因为武士集团就是社会的政治特权阶层，他们是大大小小的贵族。让战死的武士得到荣耀，那显然是为了激励士气。培养为了民族利益不惜捐躯的尚武精神。让作为献祭牺牲的人死后进天堂，则是祭司们为了他们草菅人命的陋俗延续而进行的"欺骗"。

　　16世纪，西班牙主教兰达在他的题为《尤卡坦见闻》的书中写下过这样一段话："他们（玛雅人）说那些上吊自杀的人会升入他们的天堂，并且把这当作完全理所当然的事情；这样

就有许多人因为悲伤、麻烦或疾病等微不足道的原因而自己上吊，以此来摆脱这些事情而进入天堂安息，天堂里有他们所说的名叫伊希塔布的上吊女神会来使他们重新苏醒。"天主教是坚决反对自杀的，因为人无权杀死自己这个由上帝创造的生命作品。于是兰达主教用不以为然的口吻把悲伤、麻烦和疾病说成是"微不足道的原因"，实际上我们应该把悲伤改成"悲恸欲绝"，把"麻烦"改成"病入膏肓"或"不治之症"。撇开西方教义的偏见来看玛雅人的自杀原因，可能就得把"微不足道"改为"难以忍受"了。人因为难以忍受的原因而走上绝路，虽不能说理所当然，但也至少是可以理解和体谅的。玛雅人具有先知先觉的明智和大彻大悟的同情，他们为那些不得不自寻短见者的灵魂，安排了欣慰的乐园，这一点无疑是很人性化的。

拓展阅读

主　教

　　主教是天主教会的高级圣职人员，由教皇任命。主教此词源自希腊文，为"监督"之意。依据初期教会的传统，祝圣主教代表授予圣职圣事的圆满性。主教即是借着圣神被祝圣为教会中的牧人及管理者，也是教义的导师及圣职敬礼的祭司。

宗教迷信的弊端

宗教是玛雅文明的一个重要支撑点，但是，在玛雅文明面临欧洲入侵者挑战的紧要关头，玛雅宗教却更多地起到了"麻醉人民的毒剂"的作用。

玛雅神系中，天神、雨神、月神、战神等几位座次最靠前的大神都长着欧洲人所特有的长长的鹰钩鼻。这种欧洲式的鼻子的来源，只是一种夸张手法罢了，其目的只是为了体现神不同于人的特点。不料有一天真有一些高鼻子的白人打上门来，这令玛雅祭司非常惊讶。

玛雅人的近邻阿兹特克人相信，来犯的西班牙人乃是归来的羽蛇神。在他们的宗教传说中，好战的神德兹卡却波卡用诡计驱逐了慈善的羽蛇神。当羽蛇神含恨而去时，曾经发誓要返回，夺回失去的王位和权力，重新保佑他的子民。这就像基督教所宣

称的，上帝总有一天会降临人世来做末日的审判一样：恶有恶报，善有善报。阿兹特克人的君主蒙特祖玛一世作为好战之神德兹卡却波卡的现世代表，相信自己迟早会被羽蛇神罢黜。当西班牙人占领了邻近的西印度群岛以后，那些"白脸、蓄须、身着五彩服装"的传闻就变得近在咫尺了。巨大的恐惧占据了当时的君主蒙特祖玛二世的心灵，最终完全左右了他的行为。后来蒙特祖玛二世完全被宿命的恐惧压倒，开门揖盗，数十万战士不做任何抵抗，乖乖地成了西班牙人的俘虏。

尽管上述这个故事不是发生在玛雅人身上，但也有值得借鉴之处。特别是上文提到了西班牙人"蓄须"，这胡须也许和鹰钩鼻一样不可小觑。一般情况下，玛雅人没有多毛的，男人要么是一根髭须都没有，要么是髭须

极为稀疏。玛雅母亲们则会用热布烫他们孩子的脸颊，甚至用诸如镊子之类的小工具把个别的毛发连根拔除。虽然这一做法很普遍，但是从古典期的雕刻和彩陶上看，还是有人蓄留山羊胡须的。

这表明，现在的风俗只是下层阶层的情况，浮雕上蓄须的形象仅限于上层人士或者神祇。这样一来，胡须颇浓的欧洲来客就显得越发天然地高人一等了。

对神灵的信仰，对祭司预言能力的迷信，这些都曾经是整合玛雅社会的有效文化手段。然而，当西班牙人已经把屠刀架在他们头上时，卡克奇克尔部落却还在向祭司乞灵。祭司们预言，雷电会击死敌人，只要在雷雨天到河对岸去，就会看到雷电惩罚邪恶者。祭司的话给了他们极大的安慰，也让他们失去了警觉，最终被西班牙殖民者击败。结果，玛雅人仓皇败逃，躲进山林。说到底，这不是临场失去警觉的问题，而是预先就丧失了自信、自救的能力，被迷信所误。

在另一场大战中，殖民军只有120名骑兵、300名步兵，战马173匹，大炮4门，另外还有一些已归顺的特拉斯卡拉和乔卢拉人，与之对阵的是7万玛雅大军。玛雅人兵力不少，却遭到了惨败。他们被诱骗到平原开阔地带，这是便于骑兵驰骋、火器施展的地形。玛雅人缺乏近代军事知识，这情有可原，但他们的神灵崇拜观念却最终将他们推向了深渊。他们没见过

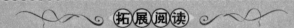

军事核时代即将过去

随着高科技的发展，微电子技术、定向能技术、新材料技术等高技术群在军事领域的广泛应用，使武器装备发展进入一个新的阶段，各种武器走向智能化和非核化。曾经不可一世的核武器现在在不断更新的各种能量的武器面前，失去了以往的强大优势。在未来的常规战争中，各种战术激光武器、电磁武器、微波武器、隐形武器、智能武器都将大显神威。它们可以替代战术核武器执行防空、反潜和打击地面目标等多种职能。不仅作战效能与核武器相当，而且无须冒政治风险，使战争走向"非常规化"。因此，以高科技兵器为支撑的战略，逐步取代以核威慑为主的战略，势在必行。

火炮，甚至对骡马也一无所知。炮火轰鸣自然地被他们看成天神施威，骑兵也被当成半人半马的天兵天将。按理说1523年时西方的所谓军事优势也很有限，西班牙人还是以使用长矛刀剑为主，枪弹则是直到16世纪后半叶才发明的，17世纪才发明把弹丸与火药结合起来的武器。殖民军的火器只是前装式滑膛枪，这种鸟铳一样的火绳枪，装弹时要先咬掉纸弹壳的底盖，然后向药池内倒少许火药，再把余下的由枪筒口倒入，最后推入弹丸和纸壳，程序很烦琐。不仅如此，保存下来的史料表明，即便是很原始的火绳枪，殖民军也没有几支。足见，玛雅人并不仅仅是败于军事技术上的不如人，他们更多的是败在了心理和文化的战场上。

玛雅的陪葬艺术品

杰纳岛位于尤卡坦北端西海岸离海岸线仅几十米以外的海中，这里曾经是古代玛雅人的墓地。这是一个长1000米、宽750米的小岛，岛上还有一个建于古典时期末期的礼仪中心，可能是当年举行丧葬仪式的地方。玛雅人像古埃及人一样，把日落的方向当作死亡与地府的方向，因此这里的墓地大多朝着西方。而今，这些建筑已遭到严重的风化侵蚀，不再有当年的景象。但是，在这片巨大的墓地里，却保存了最丰富的墓葬品，近百多年来，这些墓葬引起了考古界极大的兴趣，如今已发掘的墓葬就已达1000多座，在这些墓葬中发现了大批丰富多彩的小型陶塑。

这些小型陶塑原来是作为陪葬品放在死者手中的。尺寸很小，但是由于这些陶塑造型极为细致、生动，富有生气，都具有独立的雕塑感，每一个小型雕像都具有大型雕塑的气魄与

↑小型陶塑（1）

分量，是不可多得的艺术品。

杰纳小型雕像的内容非常丰富，包括不同年龄的贵族男女的日常生活细节，各种场合的举止以及服装、武器、男女的化妆品、珠宝，等等。从姿势到面部表情都极为丰富和准确。这些小型雕像都保持着当年着色的痕迹，有的还很完整。

↑小型陶塑（2）

在杰纳岛为数众多的小型雕像中，最优美的手工塑成的艺术品，它们具有性格化描写的特点。现藏于墨西哥城人类学国立博物馆的一尊高26.5厘米的贵族立像，表现的是一个气宇轩昂的男子身披大斗篷庄严伫立的形象。这显然是一位地位高贵的男人，那高高昂起的头、高耸的直鼻梁、健壮的身躯，挺起的胸膛都显示出他的贵族气派；面部表情极其生动，傲慢的目光、高耸的颧骨、内收的下巴、松弛而微微张开的嘴唇；他的头上是高耸的发髻，两耳戴着圆形的耳饰，颈部挂着一串核桃大的翡翠念珠项链，沉

重的斗篷从肩上直垂到肘部，手腕上戴的是玉石块串成的筒形手镯。他的双手放在身体前，手里握着一件拧成条状的仪杖，表明他正在参加礼仪活动。他的眉宇间流露出来的那种从容不迫、含蓄内敛的气质完全是玛雅壁画和浮雕中见到的贵族的典型气质。这说明杰纳雕像在形象的刻画上体现出玛雅贵族的审美风尚与追求，具有理想化的色彩。

杰纳小雕像也是刻画玛雅妇女最多的一种。在这些小雕像中，我们难得看到如此众多的妇女形象，这在其他地区的浮雕或绘画中是不多见的。

这些小雕像衣着华丽、装饰奇异，有的忸怩作态，有的正襟危坐，也有的头顶着一个水罐，似乎正在做日常家务。她们的外貌变化多端，仪态万方，可使人看到当年玛雅社会各种场合中贵族妇女的形象和她们那令人眼花缭乱的服饰。

除了盛装的肖像之外，衣着随意的贵族雕像在杰纳小雕像中也很多。比如有一尊高仅16厘米的雕像，刻画了一个仅穿着缠腰布、头裹一块头巾的男子，他左手已残缺，右手屈肘放在左耳前，头向右偏，似乎正在镜前戴耳饰，他那身体扭动的随意动作十分自然，仿佛是艺术家在现实生活中即兴做出来的写实作品。头的转动、偏斜，肩的活动，腰胯的变化都刻画

↑小型陶塑（3）

得很微妙。这一场景那么真实，仿佛是一个刚刚出浴的贵族男子正在从容地梳妆打扮。在玛雅社会，贵族男子生活的烦琐和考究不亚于妇女，龙其在重大的宗教节日和活动中，男子的仪式比女子更繁缛。这些小雕像是陪伴死者永生的道具，除了手工制成的艺术品以外，杰纳小雕像还有很大一部分是用模子铸成的，这意味着陪葬品的需求量很大，往往供不应求。奇怪的是，这些空心的小雕像往往都被用来做哨子，用它们可以吹出声音来。这种哨子的作用到底意味着什么，到现在仍然是一个谜。

杰纳岛的墓地主要于公元 650 ~ 1000 年间使用，此后很长一段时间似乎不再被使用。原因似乎是玛雅人在抛弃了许多城堡后，逐渐走向了衰落，他们再也没有精力去关心葬在何处，和用什么东西来做陪葬了。

拓展阅读

康熙结束清朝殉葬制度

史料记载，清初皇室人殉制曾非常盛行。从太祖到太宗，乃至世祖等各代统治者死后均有人殉葬。甚至睿亲王多尔衮死后，也有侍女从殉。

当时，民间各地官府也表扬妻妾殉夫，称她们为"烈女""节妇"，并修书、立牌坊。康熙时，汉将朱斐上疏请求停止，康熙十二年（1673 年）明令禁止八旗包衣佐令以下的奴仆随主殉葬，从而结束了清初这一残酷的习俗。

　　玛雅人是美洲唯一留下文字记录的民族；在玛雅人生活的丛林中，散落着上百座城市遗址；玛雅人还有先进的天文历法成果、发达的水利系统；创造了先进的制陶工艺，还发明了舞蹈和戏剧……

　　这些隐藏在热带雨林中、与世隔绝的超文明成果，令无数后人为之倾倒、为之疯狂。

第四章

古玛雅的文明成就

谜一样的玛雅文字

玛雅人是美洲唯一留下文字记录的民族。在公元元年前后，玛雅人就创造了象形文字，但出土的第一块记有日期的石碑却是公元 292 年的产物，发现于蒂卡尔遗址。到 5 世纪中叶，玛雅文字已普及到整个玛雅地区。当时的商业交易路线已经确立，玛雅文字就是循着这条路线传播到各地的。无论如何，美洲三大文明的另两个都比不上玛雅：印加人只会"结绳记事"，阿兹特克人的文字是对玛雅文字的拙劣模仿。如果说文字的发明和使用是文明的真正标尺的话，那么玛雅人就是新大陆上最为文明、最富智慧的民族了。

现存的玛雅象形文

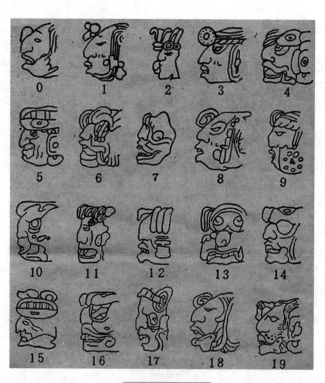

↑玛雅文字表

字刻在石碑、庙宇和墓室的墙壁上，雕在玉器和贝壳上，也用类似中国式毛笔的毛发笔书写在陶器、榕树内皮和鞣制过的鹿皮上。玛雅文字遗存总量相当多，单在科潘遗址一座金字塔的台阶上，就有2500多个，这就是世界巨型铭刻的杰作之一——"象形文字梯道"。它宽8米，90级的石头台阶上面，布满了古怪而精美的象形文字。

这些金字塔坛庙和象形文字的结合，清楚地表明其宗教的性质。4部存世的玛雅经卷上的象形文字，用途也无疑是围绕着宗教的。尤其值得注意的是，这些象形文字像是从天上掉下来的一样，我们只能看到它从头至尾一成不变的成熟完美，而不像其他古代民族文字那样，有一个从简到繁的轨迹。如汉字在成熟的方块形态之前，经历了许多不成熟甚至简陋的形态。至20世纪中叶，研究人员才逐渐为玛雅人勾勒出一个简单轮廓：一个集数学家、天文学家和祭师为一身，并带有哲理性的民族——他们对于计算时间、观察星相特别感兴趣。许多考古学家相信，那些正处于破译过程之中的玛雅符号肯定与历法、天文和宗教有关系。俄国学者余里·罗索夫于20世纪50年代采用了一种全新的方式来研究玛雅文字，引起了玛雅碑文研究领域里的一场革命。罗索夫提出玛雅文字和古埃及、中国的文字一样，是

象形文字和声音的联合体，换句话来讲，玛雅的象形文字既代表一个整体概念，又有它的发音。

玛雅文字自身特殊发展的契机和动力是什么呢？

宗教方面的原因必然是首选。当然我们还可以考虑玛雅人的民族性格——热衷于追求形式上的完美。他们独特的才华，是善于把具象的描绘与夸张的抽象很好地统一起来。玛雅人最初所象之形，极有可能就是那些神祇：那些神祇的形象都非常特别，或长着像野象一样的长獠牙，或长着长长的鼻子，或脸上涂着代表腐烂、死亡的黑圈。而表征这些神祇的象形文字都是抓住其最突出的特点加以夸张抽象，通常只画他们的头像，头像即代表神祇的文字。可以说，玛雅文字大都是怪模怪样的头像（包括简化、抽象和抽取局部代表整体），而几乎没有对非宗教的日常实际事物的描画。

1960年，俄国学者塔吉亚娜·普罗斯科拉亚科娃有了另一个突破。在研究玛雅文字期间，她发现许多文字都含有固定的时间段，相隔大约56～64年——这不正是玛雅时期人的平均寿命吗？于是她得出结论，玛雅文字里写的不是宗教，而是历史；记录下来的是皇族人员的诞生统治、死亡及战争。人们第一次从另一个角度去理解玛雅文字：它记录的是栩栩如生的

人的故事。古玛雅的历史突然间变得有了特定的意义，讲述了统治者和皇族生平的事迹，他们何时降生，怎么取名字等轶事。自罗索夫和普罗斯科拉亚科娃取得突破以来，科学家们已经破译了80多个玛雅文字。对玛雅文化和社会有了一个新的认识。

后来，考古学家在危地马拉北部丛林中一座早期玛雅金字塔内发现了迄今最古老的玛雅文字。文字共有10个，被雕刻在泥灰板上，年代大约在公元前3世纪到前2世纪间，距今大约2300年。

虽然考古学家现在还无法完整地破解这些文字的意思，但有一点是明确的，那就是玛雅人开始使用象形文字的年代，又向前推进了几个世纪。

知识小链接

文字的书写方向

早期文字的书写方向不确定。一般是写到哪儿就从哪儿继续写，叫作"牛耕式写法"。从一个水平方向开始，然后在一行结尾的位置直接到下一行开始反方向书写。如埃及圣书体。

现在多数文字是采用希腊字母开始的书写方式：字母从左到右书写，行从上到下写。现代汉字也基本上这样书写。

但是阿拉伯文字、希伯来字母等是从右到左书写。中国新疆的维吾尔字母来自阿拉伯字母，也是这样书写。

汉字在古代是从上到下书写，行从右到左。现在人偶尔还是用这种书写方式。

公共纪念碑铭文

公共纪念碑铭文所反映的信息通常限定在某些范围之内。许多文献的主题常常是政治性的和历史性的重要事件，这些事件对确定统治者、王族其他成员以及宫廷侍臣的合法性、正统性具有重要的意义。

完备的文献

日　期

完备的文献以一个长期积日制日期开始，这个日期记载的是奉献这个纪念碑的时间。日期之后紧跟着有关月亮月相以及其他周期循环的补充性信息，玛雅人运用这些信息进一步及时校正和确定他们的献祭日。有些时候，玛雅人也会选择另一种较短的日期记载方式，它只包括天和月份。

动　词

接下来，日期后面是一系列的事件或者动词，这些被认为是统治者的传记。其中的信息包括统治者的出生、继位、接受战俘、各种典礼和宗教仪式、会见外国显贵，还可能包括统治者家族成员的血缘关系、王位继承人的出生、监管事件和为统治者提供庇护的不同保护神、统治者的死亡和葬礼以及下一位继任者的继位登基。某些事件可能会记载在由象形文字符号分开的单个文献中，这些象形文字符号表示的是时间间隔，借助它们能够确定两个事件的时间间隔，因此我们能借助长期积日制日期对大多数事件进行精确的断代。

主　语

事件主人公的名字以及他或她的

不同头衔，都位于日期和动词短语的后面。

🔷 重建王朝

当然，存留至今的大多数玛雅文献对研究者们来说并不是很理想；文献中的日期部分残损，名字部分被腐蚀，或者铭文过于简短而无法提供有用的信息。但是，即使文献的内容或保存状况不够理想，碑铭研究学家仍然能够借助一些遗址中的系列文献重现王朝序列，王朝序列即指统治该地区的历代国王、王后的列表。有些时候，其他遗址中蕴含的相关信息对重现某一王朝序列也有很大的帮助。

在玛雅古典期早期到古典终结期的整个历史进程中，执政的统治者及其继任者数以百计。蒂卡尔遗址公共纪念碑上铭刻的历史记录年代跨度最大，其记载的王朝序列至少包括33位统治者，统治时间大约从公元90年到889年，其他遗址跨越的年限则稍微短一些。例如，多斯·皮拉斯遗址大约建立于公元650年。

↑ 玛雅雕刻

🔰 古典终结期的铭文

在古典末期，南部低地地区一些较大的玛雅中心开始衰落，而北部尤卡坦的奇琴伊察则步入繁荣发展的阶段。奇琴伊察得以繁荣发展的关键或许在于它摒弃了王朝统治者的宗教仪式，同时控制了泛中美洲的长途贸易网。从奇琴伊察城建立伊始，它的统治者便创立了全新的政治语言风格。

奇琴伊察的象形文字至少出现在17座主要建筑的楣梁和嵌板上。尽管随着考古研究的逐步深入，象形文字文献集的数量日渐增长，但奇琴伊察文献仍然是北部尤卡坦现存的浩瀚文献中比较重要的一部分。奇琴伊察对公共象形文字的使用延续了166年，从公元832年到998年。正如一些学者所认为的，南部诸王国用于雕刻公共

古文明浅读 文明史上的奇葩——古玛雅文明

纪念碑的文字不再保留记载政治制度的传统，事实上，这种政治制度过分关注于单一的王朝王权体系，从而难以避免崩溃的命运。与此相反，在奇琴伊察象形文字铭文仍然很重要，这种情况在上等阶层的宅邸和王宫里尤为突出。但是，其铭文传递的信息有所不同。

奇琴伊察的铭文证实贵族阶层参与了很多的宗教仪式，如房屋奉献仪式、焚烧灌木的备耕活动、与宫廷球赛相关的活动、放血仪式以及家庭或

↑奇琴伊察的武士形柱子

世系成员的加入，等等。奇琴伊察的上等阶层仍然使用象形文字和肖像画来传达政治信息，但是他们变换了表现的风格，以适应他们对泛中美洲贸易的参与。文字主要在上等阶层的住宅中使用，但是不需要使用象形文字的精彩叙事艺术，讲故事的艺术节目是在城市中心的露天广场演出的。奇琴伊察已经成为一个大区域的中心，它容纳了来自中美洲其他边远地区的不同种族、不同语言的游客。

有学者猜测，在奇琴伊察曾经存在过一种联合统治而非单一王朝统治的政治制度。奇琴伊察的一些碑铭提到很多带有诸多头衔的个人，却从来没有描述过大的王朝。如与蒂卡尔发现的33代统治者形成鲜明对比的是，奇琴伊察的贵族只提到自己的母亲和祖母。这种模式与玛雅学家在南部低地地区文献中发现的信息存在明显的分歧，南部低地地区文献中明确地区分了不同阶层人们的政治等级。

由于不知道代表奇琴伊察或附近其他大多数遗址的象征性象形文字符号的含义，玛雅学家们很难确定奇琴伊察的主要统治者的身份。借助南部低地地区碑铭确定当地的同时代统治者通常是比较简单的，因为他或她会被称

为某一特定地方的神圣主人。而在奇琴伊察则没有类似的信息，要想确定主要的统治者就变得相当困难。

然而，此后对碑铭的释读，使很多学者认为被称为卡库·帕卡尔的人应当是奇琴伊察的主要统治者，可能也是统治议事会中的"首席发言者"。之所以有这种说法，主要是因为有学者发现短语"tahal"，其含义为"他的话"或"他说话"，在四楣梁神庙的文献中多次出现。"tahal"似乎主要与卡库·帕卡尔一同出现，这支持了他是"首席发言者"以及因此他具有比议事会其他成员更高的社会等级的看法。尽管我们知道奇琴伊察的政治体系同

南部低地地区城市的有所不同，但其确切的特征至今我们并不知晓。

奇琴伊察碑铭中亲属称谓的表达同南部古典期的文献也有所不同，在南部强调的是血统依从于母系而非父母两者。就像南部低地地区古典文献中所记载的，这种对母系血统的强调可能表明父系血统在获取统治权的合法性、正统性方面存在一些问题。奇琴伊察对母系血统的强调究竟是像先前在南部低地地区城市发现的那样，暗示对父系王朝血统制度的废弃，还是像有些人认为的，表明了奇琴伊察的男性统治者们是从其他地方来到这里，通过婚姻的形式进入当地名门望

古文明浅读　文明史上的奇葩——古玛雅文明

↑奇琴伊察的武士神庙

族，还有待于探究。然而，的确有证据间接地表明一些地位突出的女性可以合法地执掌政权、获得遗产，虽然她们在象形文字文献中并未得到强调。

公共性碑铭的多样性

同奇琴伊察公共性碑铭形成鲜明对比的是，另一个玛雅城市雅克齐兰的资料证明它的这种公共性碑铭是由生活在城市中的上等阶层特别为自己制作的。尽管玛雅城市与城市之间存在很多的相似之处，但是每个城市都以其自身独特的方式展现自己，借助雕刻公共性纪念碑铭文的形式阐释自己。

铭文分类

1. 错金铭文。是指用错金工艺（错金工艺指在器物表面刻出沟槽，以同样宽度的金线、金丝、金片等按纹样镶嵌其中随后磨光表面的工艺）在铸器表面制作的铭文。

2. 青铜器铭文。又称"金文""钟鼎文"。它是远古历史最早、最完备、最有说服力的记述，是最具魅力的符号语言。比之同时期的甲骨文字，有着更多有意味的创作特性，而且可以凭借精湛的铸造技术，使优秀的青铜器文字在相当程度上表现出笔意来。中国商代青铜器上的文字很简单，少则如图像化的族徽，多也不过百十来字。中国西周的文字无论在数量和质量上都有了飞跃，著名的《毛公鼎铭》《虢季子白盘铭》《大盂鼎铭》和《散氏盘铭》被称为青铜器铭文中的"四大国宝"。

印章上或别的器物上所刻或所铸的凹下的铭文，叫"阴文"。而凹上的叫"阳文"。印章上的阴文也叫作"白文"。

玛雅瓶饰文字

古典期晚期的彩饰瓶有时候会画有象形文字铭文，这些铭文包含了详细的信息，如王表和创世神话。但是，大多数瓶子是围绕边沿部位画有一个条状的象形文字带，这些文字非常神秘，因此有很多的艺术史学家认为它只是一种伪象形文字。伪象形文字仅仅是与象形文字特征相似的一些符号，它们不能表达出连贯的信息。一些玛雅艺术家确实是在使用这些伪象形文字装饰陶器和石制纪念碑，可能因为他们也想描画出一段象形文字铭文，却不知道如何书写只有上等阶层才会使用的真正的玛雅象形文字。

在 1973 年，迈克尔·科出版了《玛雅书吏与他的世界》一书，在书中他举例说明了古典玛雅陶器以及相关的艺术作品。在研究中迈克尔·科发现，围绕陶器边沿描画的象形文字铭文是以一种程式化、重复性的模式组织布置

↑ 带有字迹的瓶子

的，他称这种模式为"基本标准顺序"。当时，他猜测这些铭文是一些葬礼的祈祷诗，因为大多数这类陶器是从墓葬中发掘出来的。

然而，尽管迈克尔·科最初的猜测被证明是错误的，但是他谨慎细致的研究风范激励了其他碑铭研究学者的斗志，这些碑铭研究学者在碑铭释读方面取得了坚实的进步。我们目前已经了解了这些文献的结构。这些铭文包括描述不同类型的陶器及其用途、陶器拥有者的名字和头衔的象形文字，有些甚至包括描画这些铭文及相关艺术的书吏的名字。

基本标准顺序

在我们目前所发掘到的容器当中，还没有发现完全相同的一对，但是大多数都包括近似或者可以相互替换的要素，这些要素可以分成五个不同的部分。

首先是文献的陈述部分，包括一段介绍性的说明，宣称容器成形了、被呈现出来，受到了众神的祝福。

第二部分描述对器表的处理。有一段文献描述的可能是这个容器被描画或雕刻

的过程，也可能讲述的是器表被祝福接受了这些文字。

第三部分是陶器类型的名字，文献在这一部分出现。在容器是瓶子的情况下，这个容器就被描述为"yuch-ab"，其含义为"他/她的酒瓶"。还有其他的一些情况，如短语"lak"含义为"他/她的盘子"，或者"hawte"，含义为"他/她的三足盘"。

第四部分记载这个容器应该盛装的东西。最常见的是一种使用可可豆酿制的酒精饮料。有时候文献中记载装在容器里的另一种食物是玉米粥。玉米粥是玛雅人每天都要吃的一种日常饮食，用玉米加水熬煮制成。这种玉米粥既可以熬得非常稀也可以熬得非常稠，通常掺一些蜂蜜或者糖增加甜味。

不同类型的容器用来盛装不同的

↑卡拉克穆尔遗址（1）

食物。圆柱形的高瓶通常是装可以饮用的液体食物，如用可可酿制的饮料，而碗则只能盛装较稠的食物，如玉米粥。然而，在一些盘子上描绘的象形文字文献中，极少看到这些盘子是用来盛装哪些食物的。在艺术品当中出现的一些盘子图案里，我们可以看到盘子里通常盛放的是固体食物，如玉米面包，或者是玉米面团包馅卷。

此类文献中的第五个也是最后一个部分是结束语。这部分包括描述性特征以及容器拥有者的名字和头衔。在其他情况中，也可能出现个人的政治从属关系，例如"zahaw"，含义为某一特殊之地的"圣主"。

古抄本风格的容器

除了围绕边沿整齐匀称地书写有基本标准顺序文献的陶器外，还有一些被称为"古抄本风格陶器"的容器，这种容器在社会中被广泛使用。一般来说，这种容器在制作和装饰质量方面与社会上等阶层所使用的容器无法相比。通常，文献中都包括同一类型的信息，但是一些古抄本风格的容器所装饰的象形文字铭文占据了器表的

古文明浅读 文明史上的奇葩——古玛雅文明

↑卡拉克穆尔遗址（2）

大部分。考古学家在卡拉克穆尔遗址发现了一个特殊的容器，其上较长的象形文字文献记载的是一个王表。

玛雅陶器都绘有图案。一种被称为"乔乔拉"的陶器采用的就是雕刻而非描画的方式进行装饰的，这种陶器主要发现于北部尤卡坦。这些陶器围绕边沿部位雕刻有基本标准顺序的铭文，这种雕刻的铭文与描画的铭文模式基本相同。

乔乔拉

并不是所有雕刻象形文字文献的

知识小链接

甲骨文

1959 年，在中国山东大汶口出土了一些陶器，上边刻有一些符号，可以看成是早期（约公元前 4300 年）的雏形文字。但目前看到的，已经初具规模、比较完备的文字是殷商时期的甲骨文。清朝末年在河南安阳小屯村发现了许多龟甲和兽骨，上面刻有文字，引起了学术界的极大兴趣，人们把这种文字叫作"甲骨文"。

第四章　古玛雅的文明成就

玛雅古抄本

西班牙入侵者赫尔南·科尔特斯及其士兵在 1519 年从尤卡坦居民手中劫掠的珍宝中，有一部分是可折叠的书籍，这些书籍极可能是玛雅古抄本。不久之后，这些书籍与其他物品被运回欧洲，它们引起了广泛的关注。1520 年 3 月 7 日，罗马教皇在西班牙宫廷的教廷大使乔凡尼·拉弗·福尔利在尤卡坦的维拉多利德小镇以寥寥数语描述了这些古抄本，他提到那些描画的手稿被折叠成书，宽度不及一个手掌，装饰有画像以及类似阿拉伯文或埃及字母的符号。

可折叠的书籍

西班牙宫廷史料编纂者、印度委员会秘书、拉弗的好友彼得·马特也在他的一部著作中描述了这些古抄本，

这部著作发表于 1520 年至 1526 年期间。他叙述说这些书籍是用一种树的较薄的内层树皮制成的（现在我们知道这是无花果树），这些薄树皮被压成长片状。人们用石灰洗搓这些薄片，以形成光滑的白色表面，然后依照样式进行折叠，就可以在一面或两面描绘书写了。这种书可以同时看两页，其他页则折叠在下面。马特正确地猜测出这些书籍所记载的是关于律法、祭典、农业、计算以及天文方面的内容。

在不阅读时，这些古抄本就被折叠放在木制的盒子中保存起来，这一点与现在的一些书籍类似。一些彩绘玛雅陶器曾经描绘了这种可折叠的书籍，图中的书籍是用美洲豹皮包裹着的。

古抄本的毁灭

玛雅低地地区的潮湿环境不利于

有机材料的保存，如玛雅树皮纸手稿就不易保存，由于这个原因，很多资料注定无法留存下来。甚至由生活在气候温和的危地马拉的玛雅人书写的一些书籍，也未能完好地保存原有的象形文字古抄本形式。

在美洲传教的西班牙牧师们认为，这些玛雅书籍表现的是异教信仰，而这种信仰同天主教教廷的教义相违背。一些人如弗瑞尔·迭戈·德·兰达、弗瑞尔·卢斯·德·维拉尔潘多应当对玛雅象形文字文献的焚烧、毁灭负起责任。其中最著名的是兰达，他于1562年在尤卡坦玛尼小镇的大篝火中当众焚毁了许多象形文字书籍。兰达因为自己残酷、愚蠢的行为而受到西班牙国王的惩罚，他被召回西班牙并在那儿待了11年。在

这11年当中，兰达因为自己所犯的罪恶而经受严峻的考验，因破坏尤卡坦人的风俗习惯、文化、古物而备受指责。兰达后来写了《尤卡坦风物志》，详尽地记载了玛雅的文化和社会，包括已经被他毁坏的象形文字文献。颇具讽刺意味的是，玛雅学者正是借助兰达有关玛雅"字母表"的信息，最终释读了玛雅象形文字。在1753年，兰达被宣告无罪后返回尤卡坦担任主教，但是焚毁的书籍却再也无法恢复。兰达记载说，焚毁象形文字书籍使玛雅人陷入极度的悲伤之中。

保存古抄本

目前所知只有四部玛雅古抄本留

← 珍贵的玛雅古抄本

存下来。其中三部是征服时期从尤卡坦掠夺运回欧洲的。这三部古抄本现在被称为《德累斯顿古抄本》《巴黎古抄本》和《马德里古抄本》，主要得名于收藏这些古抄本的欧洲图书馆。第四部《格罗利尔古抄本》直到20世纪才被带离墨西哥。这部古抄本1971年在纽约城格罗利尔俱乐部展出后，才被称为《格罗利尔古抄本》。

 《德累斯顿古抄本》

在1519年，科尔特斯曾把很多资料从墨西哥带回欧洲，《德累斯顿古抄本》可能就是其中之一。从那时候起，这部手稿就不知下落了，一直到1739年在维也纳由德累斯顿撒克逊王室图书馆从私人手中获得。这部古抄本的披露经历了很长的一段时间。在1810年，科学家亚历山大·冯·洪堡首次公布了《德累斯顿古抄本》中的5页内容。

1829年，金斯伯勒子爵爱德华·金开始出版他的《墨西哥古物》系列，书中有一些墨西哥手稿的插图，在这个系列的第三卷书中，他第一次向欧洲人再现了《德累斯顿古抄本》的全部74页（其中39页两面都绘有图案）手稿。这部由意大利艺术家奥古斯丁·阿戈利奥绘制插图的《德累斯顿

古抄本》出版物弥足珍贵，因为它反映的是二战之前古抄本最初的良好保存状态，二战期间古抄本曾经在德累斯顿攻坚战中被水侵蚀。

《德累斯顿古抄本》是以系列历书的形式安排结构的，这些历书可以指导人们为各种宗教仪式选择时间。这些历书保存了有关月神与疾病、月亮与行星金星的天文周期、卡吞预言以及新年庆典的许多信息。一些学者认为，《德累斯顿古抄本》包括了玛雅人主要的天文学知识，例如有关木星、火星、土星和水星同向公转的一些表格。古抄本中还有其他一些信息，基本上是关于金星运行周期以及对月食预测方面的内容。包括名字、情节和日期的象形文字文献是用红色和黑色颜料绘制的。文献中描绘人物、神祇和物品的插图时则使用蓝色、黄色、红色和黑色颜料。

 《巴黎古抄本》

现在被称为《巴黎古抄本》的玛雅古抄本是在何时以及通过何种途径进入欧洲的我们无从得知。它也被称为《佩雷斯古抄本》，是在1832年由法国巴黎国家图书馆购买得到。1835年，奥古斯丁·阿戈利奥首先绘制了《巴黎古抄本》，列入金斯伯勒《墨西

哥古物》的第十卷，但是由于金斯伯勒的去世，这部抄本并未出版。1849年，约瑟夫·M. A. 奥宾出版了《巴黎古抄本》的一个参考资料。1855年，墨西哥学者乔斯·F. 拉米雷斯在金斯伯勒的出版物中注意到了《巴黎古抄本》与《德累斯顿古抄本》的相似之处，但是他对此所做的评注直到一个世纪之后才出版。在1859年，乔斯·佩雷斯出版了有关《巴黎古抄本》的两部描述类作品，其中之一附有插图。到那时为止，《巴黎古抄本》的大部分内容还不为大众所知。乔斯·佩雷斯出版相关作品不久，利昂·德·罗斯尼就发现了古抄本的22页残本（其中11页两面都绘有图案）。这部残缺的手稿用一张标有"佩雷斯"字样的纸包裹着，因此罗斯尼将这部手稿命名为《佩雷斯古抄本》。后来，为了避免同以胡安·皮奥·佩雷斯命名的殖民时期的一些资料相混淆，这部手稿后来改称《巴黎古抄本》。在19世纪60年代初期，罗斯尼终于将《巴黎古抄本》出版，引起了人们的关注。

《巴黎古抄本》的前半部分记载了一系列的卡吞及其相应的庆典

和宗教仪式。尤卡坦的玛雅人记录了各种各样的历史事件，都在卡吞的范围内将其命名为卡吞和吞。为了确定这些吞预兆，玛雅祭司会参考历史事件列表，而这些预兆可以帮助祭司做出重要的决定。

古抄本的19页和20页是关于名年日或者天的资料。这些页上图解了名年日的一个52年周期的序列，它起始于玛雅365天的年。由于玛雅历的时间计算中也运用了数学，并且包含数个互连周期，因此20个天的名称当中仅有4个能经常出现在玛雅珀普月月首那一天。这4天被作为名年日；在《巴黎古抄本》中它们分别叫作拉玛特、伯恩、埃茨纳波以及阿克伯阿尔。

古抄本中有很多页内容表现的是关于精神力量的安排的，玛雅人认为

↑ 响尾蛇

这些体现在上界和下界两个地方。在上界，作为帕瓦吞的超自然力量与天联系在一起，而死亡众神则被认为是在统治下界。

古抄本也包含黄道十二宫图的 13 个动物符号，它们在夜晚的天空中代表了星座。这些动物包括两种鸟、一只乌龟、一只蝙蝠、一只蝎子、一条响尾蛇以及其他不能确定的生物，这些动物的牙齿中间或者钩鼻上有表示太阳的象形文字符号。玛雅人认为，在 28 天的连续时期里是这些动物形象的星座在统治着夜空。

在 13 个符号之间有一个 28 天的时间间隔，这 13 个符号总数接近一个 364 天的太阳年。5 个黄道十二宫转化为 260 天宗教祭祀历或称为泽尔科因的 7 次循环。黄道十二宫过去通常用来预言某些天文现象以及计算确定举行某些活动的具体日期。

有一些人认为《巴黎古抄本》是玛雅祭司们的一部手册。其中记载的信息主要是用于占卦的目的，同时也让祭司清楚地看到宇宙的运行方式。

《马德里古抄本》

在 1866 年，查尔斯·埃梯恩·布拉瑟尔·德·布雷伯恩发现了第三部玛雅古抄本——实际上是一部 70 页的古抄本残本——并将其命名为《特洛诺古抄本》，是根据其所有者马德里的西班牙古文献学教授胡安·特洛伊·奥特兰诺先生命名的。在 1875 年，另一部有 42 页的古抄本残本在西班牙马德里考古博物馆获得。这部残本被命名为《科尔特斯古抄本》，因为人们认为这部古抄本是由赫尔南·科尔特斯带回欧洲的。1880 年，利昂·德·罗斯尼将残本拍照，发现这个残本是《特洛诺古抄本》的缺失部分。一部古抄本的两部分重新合在一起，此后这部手稿就被称为《特洛—科尔特斯古抄本》或者《马德里古抄本》。

《马德里古抄本》包含一系列的年历，这些年历建立在 260 天宗教祭祀历即泽尔科因的基础上。260 天宗教祭祀历周期同被称为哈阿布的 365 天周期彼此相联系。正如我们前面所看到的，20 天中仅有 4 个能出现在当年的第一天，这些天被认为是名年日。在古典和后古典期，玛雅人使用 3 个不同体系的名年日。第一个是在古典期使用的，被称为蒂卡尔历。蒂卡尔体系的名年日是伊克、玛尼克、伊伯和卡班。另外两个是坎佩切历和玛雅潘历，坎佩切历使用的名年日是阿克巴尔、拉玛特本以及伊兹纳波。玛雅潘历使用的名年日是克安、穆鲁克、伊希和卡瓦克。《马德里古抄本》同时使用两个日历，蒂卡尔历与玛雅潘历。

《马德里古抄本》中的历书涵盖了各种各样的主题，包括猎鹿、诱捕鹿、天文学信息以及关于某些神的信息。还有其他一些如婚姻、养蜂、纺织、求雨仪式以及也以农业预言性或重复性历书的形式加以讨论和表现的主题。

《格罗利尔古抄本》

尽管《格罗利尔古抄本》的发现地点并不是很明确，但人们通常认为是发现于墨西哥恰帕斯托尔图库埃罗附近的一个干燥岩洞内。

这部古抄本于 1965 年由一位墨西哥收藏家在墨西哥城的一个旧货廉价商品市场购得，随后在 1971 年被捐献给纽约格罗利尔俱乐部，作为玛雅象形文字艺术的一件藏品展出。在 1973 年，迈克尔·科出版了这些展品的目录，其中包括一本玛雅象形文字图书残片的插图，这本图书曾经被推测总共有 20 页。这部手稿最初还引发了一

场较大的争论，因为一些人认为这部手稿是赝品。后来，从其象形文字书写风格以及放射性碳 14 分析，人们认为这是一件属于公元 1230 年时候的玛雅艺术真品。《格罗利尔古抄本》记载的内容是关于行星金星运行轨道的天文学图表。

你知道吗
古抄本的现状

当年的西班牙人处死了玛雅几乎所有的祭司，而在玛雅社会，祭司是少数识字和懂得天文、地理及相关文化的人。于是，随着时间的流逝，虽然玛雅人一直守着自己的语言，守着自己的信仰和生活方式，到了今天，已没有人能看懂自己民族的文字、自己祖先留下的史书。那幸存下来的四本文献分别收藏于欧美不同国家的图书馆或私人手里，只能作为古董供人观赏。

后征服时期的文学

在西班牙人进入美洲之后不久，墨西哥和危地马拉的玛雅人就被迫中断了象形文字的使用。使用象形文字符号书写的书籍和手稿被认为是保留了异教和偶像崇拜的信仰，西班牙人为了向玛雅人传播基督教，要求玛雅人的原有信仰必须彻底根除。传教士学习说玛雅语言，然后用西班牙字母拼写玛雅语，以向玛雅人传输基督教教义。

当时，玛雅人接受了这种变化，开始使用西班牙字母记录自己的手稿。玛雅人自己的一些编年史可能是从早期象形文字书籍中直接转写的，目的是为了保存与自身历史相关的原始资料以及从内在生命必然消逝到外在世界激烈变化方面的知识。从一些资料中语言的抒情风格分析，这些资料最初可能是用来朗读或者在观众面前表演，而不是当作书籍阅读的。其中的一些抄写本留存至今，因为多年以来它们一直被精心保存、重复抄写，当它们变旧后最后被放在图书馆妥善收藏。这些资料记载了丰富的信息，包括玛雅历史、医药、传说、诗歌、戏剧、音乐、风俗、信仰以及其他代代相传的知识。

《波波尔·乌赫》

《波波尔·乌赫》讲述的是关于玛雅创世故事以及基切三个显赫世系的贵族统治者们的历史：科克、宏伟诸室以及基切之主。同帕伦克古代王朝诸王非常相似的是，基切统治者也将他们的统治与创世诸神联系起来："这是古代世界的开始，在这块被称为基切的地方，我们将记下古代世界，发源地基切之万物运行的潜力与能源，存在于基切民众之中"。

在16世纪中叶，上述资料被一些基切贵族用西班牙字母转写成基切语，这些贵族只有极少数留有名字。作者陈述说他们"正在基督教世界上帝的讲道之中"书写属于自己民族的文字，这可能是为了保护自身免遭基督教的迫害。在1524年，佩德罗·德·阿尔瓦拉多入侵基切首都乌塔特兰时，基切的统治者们被绑在树桩上烧死了。残留的贵族逃亡到现在奇奇卡斯榜南戈以南的地方，《波波尔·乌赫》就是1701年在此地被发现的。《波波尔·乌赫》的基切抄本已经遗失了，但是幸运的是，这个抄本是在被翻译成西班牙语后遗失的。翻译的时间在1701年与1703年之间，译者弗朗西斯科·希默内兹是一位牧师，当时担任奇奇卡斯特南戈的助理牧师。目前，《波波尔·乌赫》西班牙语版本收藏在芝加哥纽勃利图书馆。

《波波尔·乌赫》的前两部分是神话，包括创世故事。故事以当时只有天和海开头："这里什么都不存在，在黑暗当中，只有低沉连续的声音与波纹。"然后，内容过渡到第一对双胞胎胡恩·胡纳赫普与沃库伯·胡纳赫普献祭的故事，他们是通过西巴尔巴众神，也就是下界死亡众神献祭的。第二部分记载了胡恩·胡纳赫普的儿子，即双胞胎英雄胡纳赫普与希巴兰克的

冒险活动。双胞胎英雄最终击败西巴尔巴众神，准备用重生的玉米神创造玛雅世界。自前古典期以来，这些故事就在玛雅艺术中有所表现，并植根于玛雅人的信仰当中。

第三部分是一些编年史，写作风格近似《圣经·旧约》的历史部分。这一部分包括一个列有贵族全部头衔的表，这些头衔的拥有者是13代占据统治地位的世系的一些成员。这一部分还提供了编年史书写时期基切统治者的一个列表。

从第三部分的信息分析，学者们确定这部手稿的书写年代在1554年到1558年之间，基切的其他一些历史资料，包括《托托尼卡潘之主的头衔》也佐证了这一结论。

《托托尼卡潘之主的头衔》

《托托尼卡潘之主的头衔》写于1554年，使用的是由欧洲文字转写成的基切语。它的转写是一个历史性的贡献，《托托尼卡潘之主的头衔》之所以非常重要，主要是因为它可以帮助我们澄清这一时期其他资料当中一些模棱两可的问题。由于这部手稿有一些国王以及基切宫廷贵族们的署名，有人据此认为手稿是在王国首都乌塔特兰书写的。虽然有人认为这个书稿

其中一部分是由迭戈·雷诺瑟书写的，因为作品第四章节末尾的段落写道："在此，我要谈到的、我要宣布的是，我是迭戈·雷诺瑟，波波尔·维纳克和拉胡赫·诺赫之子"，但整个书稿的作者应是多人，作者们的名字至今尚无定论。

《托托尼卡潘之主的头衔》记载了从传说历史时期到基卡伯王时代的历史，基卡伯王在位的时间是 15 世纪晚期。这部手稿中记载的历史及传说信息同《波波尔·乌赫》中的非常相似。资料的最后部分记载了基卡伯王对太平洋沿岸的一次远征，此次远征确定了基切王国与周边部落的疆界。

《卡克奇奎尔编年史》

《卡克奇奎尔编年史》也被称为《索罗拉编年史》，写于 16 世纪末期危地马拉阿蒂特兰湖附近的索罗拉小镇，作者是古代泽赫尔家族的几位成员。这一资料是使用西班牙字母来记述卡克奇奎尔语的，它大致上可以分为三个部分。仅存的《卡克奇奎尔编年史》抄本可能是在 17 世纪中期由一位职业书吏根据早期的版本抄写的。

第一部分可能是胡尼戈王的孙子弗朗西斯科·赫尔南德兹·阿兰纳书写的，主要包含的是通过代代口传保

存下来的神话和传说。其中一些内容涉及人类的创造，这一点在《波波尔·乌赫》中也有记载。第二部分非常重要，因为这一部分对我们认识玛雅历史有相当大的帮助。其中逐年记述了（也正因为这个原因，这一资料被称为编年史）有关于国王、武士、村庄建设以及统治者继任的相关事件，一直到征服时期。这一部分中有一些似乎是弗朗西斯科·迪亚兹在 1581 年至 1604 年之间书写的。第三部分集中于编年史叙述的末尾，形成了一种日记的样式，包括社区中有权阅读手稿的各种成员的条目。这一部分为我们提供了当地生活的真实写照，包括出生和死亡的记录、土地的争夺、自然现象等，如地震和日食月食、当地教堂的维修和保养、慈善团体、一些花销、来宾的到访、对罪犯的捕获以及对森林的焚烧等。

《巴卡布斯宗教仪式》

被称为《巴卡布斯宗教仪式》的资料是 1914 年至 1915 年冬季由弗里德里克·J. 史密斯在尤卡坦发现的。它之所以得名《巴卡布斯宗教仪式》，主要是因为资料当中频繁提到玛雅神巴卡布斯，在玛雅神话中是他们支撑起天空的四极。这部手稿的主要内容是

一些医疗咒语，这些咒语被用来治疗疾病。如其中一些咒语包括巫师要说的可以治疗病痛的话，这些病痛包括各种突然发作的痉挛和癫痫、发烧发热、呼吸困难、寄生虫、牙痛、烧伤、昆虫和蛇类咬噬、皮疹和皮肤丘疹、痛风、溃疡、骨折以及胎儿出生后，促使胎盘排出产妇体外等。现在，我们很难理解这些咒语。手稿中也有一些非疾病治疗方面的咒语，如让深坑炉灶冷却或者召唤鹿的咒语。《巴卡布斯宗教仪式》手稿可能是属于一位玛雅巫师，他在治疗仪式和其他宗教仪式中将其作为一部手册来使用。

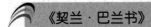

《契兰·巴兰书》

《契兰·巴兰书》是一部比较重要的 18 世纪玛雅编年史，写于墨西哥的尤卡坦。像我们前面所讨论的其他一些资料一样，《契兰·巴兰书》最初可能是尤卡坦玛雅人从象形文字文献转写成玛雅语言的，其语言带有西班牙语的特征。尤卡坦的这一编年史记载了有关玛雅历史、宗教信仰、庆典、风俗习惯以及预言方面的信息。

这部手稿中最重要的一部分是"卡吞的计算"，它建立在卡吞或者称之为 20 年周期的循环基础上。当努力研读类似《契兰·巴兰书》的资料时，

我们就会发现玛雅人时间观念中的循环特征是编写清晰事件编年史的一个障碍。在《契兰·巴兰书》中，所有的短期积日制或被称为卡吞循环的日期，在整个玛雅历史当中多次出现。因此，考古学家和碑铭研究学家有时候会发现，他们不能将玛雅编年史中的日期同我们现在所用的格列高利历一一对应，还会发现玛雅文献记载中的矛盾或者错误，因为西方人的时间观念是线性的，所以很可能是我们自己并不能正确理解玛雅时间中的所有微妙之处，而非玛雅书吏在书写中出现了错误。

《契兰·巴兰书》中这些资料的名字源于其中的训诫或预言，这些训诫或预言是由被称为契兰·巴兰的祭司们做出的。其中每部书的书名中都包含有此书发现地的城镇名称。至少有 14 部书被称为《契兰·巴兰书》，其中都有美洲豹祭司的预言，我们在此仅仅提其中有代表性的 5 部，《丘玛耶尔契兰·巴兰书》《玛尼蒂西明契兰·巴兰书》《玛尼契兰·巴兰书》《查恩·卡赫契兰·巴兰书》和《卡华契兰·巴兰书》。其中发现于丘玛耶尔、玛尼蒂西明和卡华的 4 部书，都有系列的卡吞历史记录。此外，《塔斯克契兰·巴兰书》包括有难以理解的神秘"祖尤语"。《伊西尔契兰·巴兰书》记载了医药方面的信息，而发现

于特卡克斯和纳赫的《契兰·巴兰书》则包括历法的信息。其他几部都已经失传了。

《丘玛耶尔契兰·巴兰书》

《丘玛耶尔契兰·巴兰书》可能是最容易获得的一部《契兰·巴兰书》，因为它已经被多次翻译，并得到学术界较多的关注。整部书行文流畅而优美，散发着诗歌的气息，几乎完全以对句的形式书写。大体上，这些对句由两个表达相同信息的短语组成，但是这两个短语的表达方式稍微不同。有时候，第二个短语的作用就是使第一个短语的含义更清晰易懂。《丘玛耶尔契兰·巴兰书》充满诗意的语言中包括双关、隐喻等修辞方法，并透露出尤卡坦玛雅语中的各种处理手法。类似的对句结构与诗歌修辞方法在古代象形文字碑铭中也有发现。这种现象再一次强调这些资料是延续了古代的文学传统，而这种文学传统则是起源于象形文字文献。

《丘玛耶尔契兰·巴兰书》的内容涉及农业、动物、植物、食物、医药、神祇、基督教以及玛雅人的庆典，如关于时间（巴克呑、卡呑、呑、维纳尔、泽尔科因、哈阿布）的各种循环周期、预言、治疗、献祭、土地、请

求、检验、移民、传递军事命令、诸城的历史以及一些预言的实现。

《拉比纳尔的武士》

舞蹈剧《拉比纳尔的武士》直到19世纪中叶才被记载成文字。在西班牙人入侵之前，危地马拉玛雅人在自己的日常生活中经常跳宗教舞蹈，《拉比纳尔的武士》就是其中之一。它是美洲唯一一部保留完整的舞蹈剧抄本。精彩的演说和演技贯穿在整部舞蹈剧中，演出时还伴有音乐和舞蹈。

据研究者卡罗尔·爱德华·梅斯讲，共有玛雅地区18部拉比纳尔宗教舞蹈剧一直留存到20世纪70年代，包括8部西班牙语的、6部基切语的、2部基切语与西班牙语混语的，还有2部没有对话，但是没有哪一个像《拉比纳尔的武士》那样完整和精彩。梅斯将这些舞蹈的保存归功于多明我会的修道士，他们大约在1540年发现了拉比纳尔镇。同认为这些舞蹈属于异教的其他宗教修士形成鲜明对比的是，多明我会的修道士鼓励继承、发扬传统舞蹈，鼓励对新鲜事物的学习。

在1855年，一位名叫巴尔托洛·奇兹的玛雅人向布拉瑟尔·德·布雷伯恩口述了舞蹈剧，后者用基切语将其转写并翻译成法语，并将这部手稿

变成三幕剧剧本的形式，包括一个演员表、舞台指导以及最后一个场景的乐谱。布拉瑟尔对玛雅语言和一些玛雅手稿具有浓厚的兴趣，他负责拉比纳尔教区，因此他可以学习基切语。在布拉瑟尔到达拉比纳尔之前，这些节目已经有 20 年的时间没有上演过了，部分原因是服装和舞台布景需要大量花销，而这些正是被明令禁止的。这部剧禁演的另一个原因是西班牙牧师等神职人员强烈反对此剧所表现的人祭等异教主题。

知识小链接

神父和牧师的区别

神父和牧师的区别，属于基督教（广义）教制范畴。汉语在翻译源自西方的基督教时，由于传教路线和派系问题，也由于我们中国传统文化博大精深和包罗万象的原因，将基督教的不同宗派区别翻译。

神父，是对天主教和东正教的教职司祭、司铎的尊称。又称神甫。在新教中，相应级别的职位一般译称牧师（圣公会译称会长）。

神父是罗马天主教的宗教职位，千百年来只有男性才可担当此职位，而且他们终身皆不可结婚，近天主教改革派人物曾倡导容许由女性担任神父但被教会内的保守派拒绝。要注意的是修女不等同神父，亦不是罗马天主教的宗教职位之一。

普通玛雅人的住宅

所有的玛雅人都在住宅区内生活和工作，住宅区中心是天井和庭院，四周是几座建筑物，常常由几代人和各类亲戚住在一起构成一个大家庭。无论是王室还是普通人都采用这种居住模式，王宫建有多重庭院，庭院四周围有很多建筑。

型的综合性建筑中，特殊的宗教圣祠、坟墓和举行仪式的场所也一一得到确认。在这些住宅区中发现了很多手工制品，它们在古代玛雅文明研究中得到了充分的重视。

石建筑王宫

考古学家希望通过努力了解玛雅人使用其精美住宅的相关情况，寻找线索确定不同房间的用途。考古学家通过借助发现的物品残片确认了制造精美物品的作坊；此外，通过象形文字和宽条凳确认了王宫及觐见大厅；通过挂窗帘用的圆孔和当作床使用的条凳确认了寝宫；通过加热和排水系统的遗迹确认了蒸汽浴室。在这些大

普通民居

以土坯和茅草为建筑材料的普通民居遗迹一直没有发现，建筑材料决定了它们不可能像石头建筑那样能够留存下来。但是，由于在公元 600 年左右塞雷恩曾经有火山爆发，喷发的火山灰对遗迹起到了极好的保护作用，因此这一地区的考古发掘清楚地揭示了农业社区中住宅区的特征，也揭示了中间设计有普通天井的环形建筑所具有的不同功能。塞雷恩的玛雅人修建了单独的土坯房，用作住房和储藏

室；用茅草覆盖屋顶的工作区是工具加工区，基本上只是男性在这里工作；用柱子和茅草搭建成的厨房则基本上是女性的工作区。一座综合性建筑甚至会修建一间蒸汽浴室。其中的每个建筑都建立在高起的土坯台地上。在科潘和其他遗址的发掘过程中，考古学家也发现了众多的建筑遗迹，这些建筑包括一个居住单元，但是这些建筑通常并不是建在高起的台地上。不管是在低地地区还是高地地区，现代的玛雅人仍然居住在类似的综合性住宅中，这种住宅拥有独立的厨房，院子里有工作区。

在塞雷恩，主屋是一个面积比较大房间，它被划分为几个不同的部分：起居室、餐室、休息区以及一些储藏室。房间中有一个较大的土坯条凳，可能具有多重用途：可以坐、用餐或者铺席子在上面休息。16 世纪的资料记载表明妇女通常是坐在地面的席子上吃饭，妇女基本上不和男人一起吃饭。白天，这种多用途的席子就被卷起来放在椽子上，以节省空间。考古学家通过一罐豆子确认出房间中的餐饮区域，餐饮区摆放有陶器；大块的坛罐残片明显是被当作盘子使用的。此外，还有一个覆有顶盖的敞廊，人们可以在这里进行各种活动。考古学家在这里发掘出了一些纺织用锭盘以及黏土球，表明妇女们可能在这里一边纺织、制作日用陶器，一边看管在附近玩耍的孩子。

绝大多数已被发掘的房屋在经过几个世纪的风吹雨淋，其中所有的物品都已经消失殆尽。而在塞雷恩地区，火山的突然喷发使得当地居民在逃跑时根本无暇顾及这些物品，因此它们都以原有的状态，在厚厚的熔岩和火山灰层中保留了下来。住宅区中发现的这些保存完整的手工制品表明，玛雅人的生活方式非常悠闲安逸，他们食物丰富，居住空间宽敞，建筑结实牢固。住宅区中也发现了少量的被认为是上等阶层使用的物品：彩饰陶器、做工精美的葫芦、一些极为锋利的黑曜石刀片（这些刀片放在房檐的椽子上，小孩子无法拿到）、几个玉珠以及来自异域的贝壳残片，它们曾经可能用来制作上等项链。

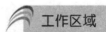

工作区域

女性工作区

在工作区域发现的储藏容器及其碎片表明每个居民的生产范围是比较广的。由于大家庭（如数代同堂的家庭）常常共同居住在一个住宅区内，所以女人们可以共同分担一部分工作，干活时可以互相交流。女人纺线织布、制作生活中用到的陶罐，在塞雷恩的一间房屋中，考古学家发现了几个装有红色颜料的罐子及大量的葫芦，这表明了妇女们在制作精美的彩饰葫芦，它们主要用来盛装食物。粮食去壳、晾晒以及磨碾的工作很可能在公共庭院或者厨房里进行，饲养家畜和半驯化的动物可能也是在上述地方。妇女同时也可能照料菜园。据西班牙文献记载，玛雅妇女们将农产品和饲养的家畜带到集市上卖，以换取其他的日用品。妇女们各自都有单独的厨房，是用柱子和茅草搭建而成，通风良好，地面是土制的。燃烧木炭所产生的烟灰可以通过开敞式栅格墙散逸出去，避免室内空气污浊。

❖ 男性工作区

男人聚集一起建筑房屋，修缮综合住宅区。大多数玛雅人的田地离家都有一定的距离，他们白天备耕和收割，晚上则回家吃一顿主餐。闲暇时间，他们通常在房屋附近的以茅草盖顶的工具加工区内打磨、修整他们的工具，以便砍伐木材。

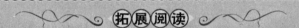

拓展阅读

现代住宅的套型和户型

"套"是指一个家庭独立使用的居住空间范围。通俗地讲，就是指每家所用的住宅单元的面积大小。住宅的"套型"也就是满足不同户型家庭生活的居住空间类型。

对于住宅套型的大小，一般都是用面积指标来规定。根据1987年7月颁布的我国《城镇住宅设计规范》，住宅的面积标准分为：小套（每套使用面积不少于18平方米）；中套（每套使用面积不少于30平方米）；大套（每套使用面积不少于45平方米）。规定了不同住宅套型设计标准。但随着住房商品化的房地产市场的不断发展，除了安居房、公有住房等政策性住房外，其他住房的住宅套型标准正趋市场化。

需要提到的是，在新的住宅设计规范未实行之前，住宅户型面积指标是以"室"来划分的，"室"一般是居住建筑中的居室和起居室。通常来说，住宅中不少于12平方米的房间称为一个"室"，6~12平方米房间称为半"室"，小于6平方米，一般不算"间"数或"室"数，因而，住宅户型又可分一室户、一室半户、二室户、二室半户、三室户、多室户等。

玛雅人在数学上的成就

　　玛雅人在数学上有一个伟大之处，就是将"0"运用到计算中来。这一做法比欧洲人早 8 个世纪，因而使向来以学统之先进而自豪的欧洲人大为震惊。

　　玛雅人有自己的一套计数符号。他们以一个圆点代表"1"，一横代表"5"。第一位到第二位采用 20 进位制，第二位到第三位采用 18 进位制。因此，"4"是 4 个圈点，"6"是一横加一个圆点，"9"是一横加 4 个圆点。"10"是两横，"11"是两横加一个圆点，"14"是两横加四个圆点，"15"三横，"19"是三横加四个圆点。如果逢 20 进至第二位，则第一位上就用一只贝壳纹样代表"0"。

　　这种表达法表明，玛雅人已在计算中引入了"0"。在没有"0"概念的计算系统中，比如古代中国最初的计数体系中，逢十则仅仅以人为命名的十位单位做数字标记，逢百、逢千也

依次类推。如果有个数字 135，它只表明有一个 100 加上 3 个 10 加上 5 个 1。用这个数字加上 65，等于 2 个 100。而根本不涉及"0"的概念。也就是说，只有具象的单向累加，还没有将空位加以形式化。

　　借助数学上的深刻认识，玛雅人在没有分数概念的情况下，精确地计算出太阳历一年的时间。他们通过对金星轨道的观察，计算出金星公转周期为 584 日。每 1000 年仅有一天的误差。

　　古代社会中，天文、历法、农事，三者总是密不可分的。而它们又都以计算为基础。玛雅人在数学上的早慧，使他们在天文知识、历法系统、农事安排上都表现出一种复杂巧妙而又井然有序的从容自信。

　　玛雅人多种历法并用，每个日子都有四种命名数字，而且丝毫不乱。没有任何特殊仪器，仅靠观星资料，

古文明浅读 文明史上的奇葩——古玛雅文明

准确定出每年春分和秋分，以及各种重要的会合日。这样就充分掌握了天气变化规律，准确计算出雨季、旱季的始终，为农业生产提供最重要的保障。

玛雅数学的成就还表现在他们超群的建筑成就上。众多巨型建筑和建筑群落的定位、设计，都牵涉到数学问题。建筑就是凝固的数学和艺术。玛雅特有的尖拱门造型也蕴含着精巧的数学思维，还有许多用来展现他们天文学知识的建筑。精确丈量、定位的相互呼应，都需要分毫不差的数学天才，才能使我们今天透过断壁残垣，仍然能看到特定的奇景。

在古代玛雅社会，掌握数学知识的是祭司。祭司的首要职责，就是做人与神之间的桥梁。他们要告诉人们哪一天羽蛇神降临，给大地带来雨季；哪一天开始烧林，可以得到风神保佑的许诺；哪一天战神来临，将带来战事，甚至死亡。他们是玛雅世界的权威人士。他们说哪位神动怒了需要人祭，人们就只好照办。据说，玛雅祭司预见了西班牙人的入侵，并且从神谕中得知，这些远道而来的人将成为玛雅人的新王。总之，玛雅人心目中的祭司是神游古今、通晓天地之理的人物，凡事都要求教于他们。

那么，作为祭司，他们的首要任务就是要尽可能使自己担得起这种重任。玛雅的天文学知识完全建立在祭司们日复一日、年复一年的不间断观察之上，他们的数字记录系统很好地反映了这种纪年传统。玛雅人将一年划分成18个月，每月20天，每年有5个祭日，总和为365天。这与他们的数字进位20进位和18进位相同。这很可能是起始于逐日记录天象观察的需要。玛雅天文学和数学知识的发展，使得历法、农事发达起来。

从"0"的概念，可以看到玛雅人抽象思维能力的早熟，以及玛雅文化天文、历法、农事知识系统之完善。而这些辉煌的成就，这种对抽象规律的追求，可能是与祭司们对神圣地位的追求互为因果的。一种古老文化职能却激发了人们新的求知欲，在追求神人同感的过程中开始了科学的第一步。

人类对了解自身、了解自然，了解自然力量甚至超自然力量与自身的关联的求知欲创造了人类的文明史。而促使玛雅人摆脱物质文化的自循环规律，迈出这精神文化第一步的，就是祭司们，从他们开始，玛雅人开始切实、专职地研究历史、文字、天文、地理、数学、医药和心理；开始创造各种符号，并且用它们来记录过去、计算现在、推测将来。

尽管巫师祭司们的一些思想行为可以当作文化垃圾去摒弃。然而，这个被祭司引领的、被我们视为"0"一样神奇的信仰世界里，却生出了无数宝贵的"文化生命体"。祭司们在文化方面做出的卓越贡献是不可低估的。

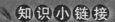

知识小链接

数学的演进

　　数学的演进大约可以看成是抽象化的持续发展，或是题材的延展。第一个被抽象化的概念大概是数字，其对两个苹果及两个橘子之间有某样相同事物的认知是人类思想的一大突破。除了认知到如何去数实际物质的数量，史前的人类亦了解如何去数抽象物质的数量，如时间、季节和年。算术（加、减、乘、除）也自然而然地产生了。古代的石碑亦证实了当时已有几何的知识。

　　更进一步则需要写作或其他可记录数字的系统。历史上曾有过许多且分歧较大的记数系统。

　　从历史时代的一开始，数学的主要原理是为了做税务和贸易等相关的计算，了解数字间的关系，测量土地，以及预测天文事件而形成的。这些需要可以简单地被概括为数学对数量、结构、空间及时间方面的研究。

精确的天文计算

天文学是历法的基础，玛雅人拥有渊博的天文知识，对于月亮、地球、太阳、金星和其他星体的运行，相应的历法中描述得非常准确。玛雅人有22种历法，涵盖了太阳系以及其他众多星球的运行周期。

正如前面建筑部分所提到的，玛雅人的天文台充满特色，功能或外观都与现代天文台很类似。以凯若卡天文观测塔为例：建筑在巨大而精美的平台上，有小台阶通往大平台；一个圆筒状的底楼建筑，上面有一个半球型的盖子，是天文望远镜伸出的地方。底楼的四个门刚好对准四个方位，向东方望去，是春分、秋分的日出方向，向东北方望去，是夏至的日出方向，向东南方望去，是冬至日出的方向。

考古学家认为，玛雅人建立了一个天文观测网。最负盛名的奇琴伊察天文台，是玛雅人唯一的圆形建筑物。一道螺旋形的梯道通向三层平台，顶上有一对观察星座的天窗。从上层北窗口的墙壁（厚达3米）所形成的对角线望去，可以看到春分、秋分之际

↑奇琴伊察天文观测塔近景

↑奇琴伊察天文观测塔远景

落日的半圆；南窗口的对角线又恰好指着地球的南极和北极。

　　玛雅人的历法是世界上最正确的历法之一，他们的编年史据，经许多研究玛雅文明的历史专家考证，确认起于公元前 3114 年 8 月 11 日。至于为什么选择这一天，这有什么特别含义，至今仍是一个谜。

　　玛雅人有一套复杂的方法，用来记录重要事件的日期，它以一种不同的计时法——阳历年、金星历年和卓尔金历年为基础。260 天的卓尔金历年与阳历年连在一起，二者都包含在历时 584 天的金星历年之内。

　　玛雅人建筑金字塔、庙宇并不是为了个人需要，而是在遵照历法上的指示：每隔 52 年要建造一座有一定数目阶梯的大建筑物，一天为一阶，一道平台表示一月，直到顶端共计 365 天，每一块石块都与历法有关，每一座完成的建筑物都需符合天文上一定的要求。似乎他们除了宗教热忱外，并未有建造大型庙宇的意念，只因历法赋予这项义务，他们就按部就班地履行着。

　　这里要指出的是，虽然同被称为"金字塔"，玛雅人的金字塔与著名的埃及金字塔有所不同。埃及金字塔是空心的，内部为帝王陵寝；而玛雅金字塔为实心，塔前广场是民众参加祭典的场所，塔顶则供教士们办公、居住，或观察天象之用。玛雅的天文学家可计算月球的轨迹至小数点以后 4 位，甚至可计算出金星上的一年至小数点以后三位！

我们现在所使用的月历，一年以365.2425 日计算，玛雅当时的天文学家则以 365.2420 日计算。根据天文学家目前的计算，一年应该是 365.2422日。由此看来，古代玛雅人所使用的月历，比我们现在所使用的月历更正确，其与目前天文学家的测算值误差只不过是 0.0002 天，换算成秒，一年只差 17.28 秒。至今我们也不知道，古代玛雅人为何有如此正确的天文学计算。一个天文学家若想得到这样的数值，至少必须花上一万年以上的时间来做天体观测才有可能。玛雅文献

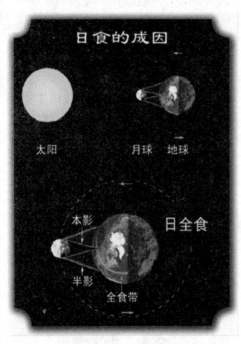

↑玛雅人掌握了日食周期

之一的托兰斯汀古书上，明确载有日食、金星会合周期等。

玛雅人高超的数学概念，令世人赞叹不已。其数学平均数的准确度，也让人咋舌。据说古玛雅人曾以 32.75年的时间，观察 405 次月圆，计算出32.75 年等于 11960 天。今天天文学家以精密仪器计算的结果是 11959.888天，比较之下，依玛雅人的算法，每292 年才出现一天误差，即每年误差不到五分钟。他们的天文知识在高超的数学技巧的帮助之下，取得了惊人的成就。

所谓的金星历年，就是指金星环绕太阳一周所需要的时间。玛雅人花费了 384 年的观察期，算出 584 天的金星历年（他们发觉金星在 8 个地球年中恰恰走了 5 圈，然后再重复循环，便用 5 除 8 个地球年的天数，得出金星历年为 584 天），而今人计算则为583.92 天，误差率每天不到 12 秒，每月只有 6 分钟。当时没有沙漏等计时仪，也没有任何天文望远镜或光学仪器，玛雅人竟然能相当准确地计算出金星历年来，实在是件不可思议之事。

玛雅人的金星公式认为：每一种周期经过 37960 天后，便会相遇在一条直线上，而根据玛雅人的神话传说，那时"神祇"就会到一处宁静的休息处所，这是否象征着玛雅人由哪儿来便回到了哪儿去？

玛雅人还有一个历法，那就是卓尔金历。这是根据一年等于260日周期所计算出的历法，但在太阳系中，并没有适用此历的行星，那玛雅人究竟是为了什么才编这个"卓尔金历"？其中究竟含有什么谜？这些仍待世人去考究。

知识小链接

万年历的由来

相传，在很久以前，有个名字叫万年的青年，有一天，他上山砍柴的时候，因为太阳晒得太热，坐在树荫下休息。突然，地上树影的移动启发了他。回家之后，他就用了几天几夜设计出一个测日影计天时的晷仪。可是，当天阴有雨或有雾的时候，就会因为没有太阳，而影响了测量。后来，山崖上的滴泉引起了他的兴趣，他又动手做了一个五层漏壶。天长日久，他发现每隔三百六十多天，天时的长短就会重复一遍。

当时的国君叫祖乙，天气的不测，使他很苦恼。万年听说后，就带着日晷和漏壶去见国君，对祖乙讲了日月运行的道理。祖乙听后龙颜大悦，觉得很有道理。于是把万年留下，在天坛前修建日月阁，筑起日晷台和漏壶亭。

后来，万年经过长期观察，精心推算，制定出了准确的太阳历。当他把太阳历呈奉给继任的国君时，已是满面银须。国君深为感动，为纪念万年的功绩，便将太阳历命名为"万年历"，封万年为"日月寿星"。

第四章 古玛雅的文明成就

高明的玛雅历法

玛雅人的历法是世界上最独特的历法，这个历法体系由三种历法构成，即卓尔金历、太阳历和长纪年历。

太阳历是根据天文测算而来的历法。它将一年分为 18 个月，每个月 20 天，另加 5 天作为禁忌日，这样全年就是 365 天。精于星象观测的玛雅人经过长期观察、周密计算，将一年的长度修正为 365.242129 天，这同今天科学测定的绝对年长相差不足万分之一。

而玛雅人特有的长纪年历则极其适合作悠远漫长历史的刻度。这套历法建立在极其发达的数学思维之上，玛雅人运用这套历法可以准确无误地记下几千万年中的每一个日子。考古学家根据 16 世纪西班牙人入侵玛雅的时间，再依照玛雅碑文上记录此事的计数单位往回推算，算出这套历法的起始点是公元前 3114 年 8 月 11 日。

不仅如此，玛雅人还制定了《太阴历》，算出了火星和金星公转一周的时间，并找出了纠正太阳历和太阴历积累误差的方法。

卓尔金历

卓尔金历的名字是后来的玛雅学家取的，至于玛雅人如何称呼这种历法已经无从得知。

卓尔金历以 20 个日名以及 13 个日数构成的周期组成 260 个独立的日子，用来决定宗教及祭典项目的时间，并作占卜用。根据这种历法，每个日期都依序被标上从 1 到 13 的日数和 20 个不同的日名。由日数和日名的 260 个不同组合标示一年 260 天，类似中国天干地支形成的 60 个组合。

玛雅人认为每个卓尔金日都有其所影响事物的象征，他们有个称为

"日期保管者"的祭司，专门负责研究卓尔金历以预测未来。当小孩出生时，日期保管者会解析卓尔历来预测小孩将来的命运。人们一直想知道卓尔金历这种一年只有 260 天的历法是怎么来的，然而它确切的起源至今仍属未知。有些人认为，卓尔金历是由以 13 与 20 为基数的数学运算而来的，因为 13 和 20 是对玛雅人来说很重要的数字。20 是玛雅数字系统的基数，来自于人类手指与脚趾的总数，而 13 象征着神明所居住之天界中的层级数，两个数字相乘等于 260。另一些理论提到，260 天的间隔是从人类的孕期而来，这个数字与从第一个该来却没有来的月经期开始算起，这样到分娩期间的平均天数很接近 260 天，故有人推测卓乐金历原先是由助产士为了推估婴儿的预产期发展而来的。

太阳历

太阳历也叫"哈布历"，是玛雅的阳历，由每月 20 天的 18 个月，加上年末称为"Wayeb"的五个"无名日"所组成。人类学教授维克特·布里克在其著作中估计，哈布历的首度使用是约在公元前 550 年左右的某个冬至开始的时候。哈布历是农业历的基础，每个月的月名以季节及农作事件作为

↑ 太阳历

命名的依据。如第十三个月指的是雨季结束，第十四个月意为秋天成熟的作物。现为人所知的哈布历月名是以殖民时期的尤卡坦玛雅语表示，源自 16 世纪所抄写的资料：来自兰达主教以及像是 Chumaycl 所著的《预言者的秘密》等书籍。而前哥伦布时期玛雅碑文中的哈布历字符经过语音要素分析之后，显示了这些 20 天期的月名会随着不同的时代、区域有着大幅度的变动，反映出古典、后古典时期各种语言、用法之间的不同。哈布历的日期是由这个月中的日数后面接上月名所表示的，而日数则以译为"位于"有名月的字符开始算起，通常视为这个月的第一天。每年的第一天为 0Pop，接下来是 1Pop、2Pop …… 19Pop、0Wo、1Wo……依此类推。

对于一个标示季节的历法而言，哈布历既粗略又不准确，因为它把365天当作一年，而忽略了实际回归年中额外的约四分之一天。所以每过一年，历法所标示的季节就会比上一年提前四分之一天。因此，哈布历和古埃及历法中游走的365天很相似，在哈布历中以特定季节命名的月份在数个世纪之后便不再对应到与其月名相应的季节。不过也有些人认为，玛雅人已经知道、并修补了这四分之一天的误差。即使在他们的历法中并无包含类似闰年的这种措施。

另外，玛雅人认为哈布历中最后五个被称为"Wayeb"的无名日是很危险的时期。他们认为，在"Wayeb"期间，分隔凡间与阴间的大门消失，没有任何束缚可以阻挡邪神兴起灾厄。为了避开这些邪灵，玛雅人在"Wayeb"期间有一些习俗并会举行仪式，例如人们会避免离开居所或梳洗头发。

因为两个历法分别以260天和365天为基数，所以整个系统正好每52个哈布年会重复一次，也就是当神历年轮回了73圈后，刚好和周转了52圈的太阳年回到同一个标记上，由此形成一个52年的大周期，所以玛雅人将52年定为一个世纪，是一个历法循环。历法循环结束前夕对玛雅人来说是动荡不幸的时期，他们会期盼地等着神明赐予他们另一个52年期。

卓尔金历和哈布历都不是计年的系统，但两个历法的组合已能满足多数人计日的需求，因为两种历法在同一个日期的组合不会在52年内出现两次，52年已经超过当地人的平均寿命了。

长纪年历法

卓尔金历和哈布历两个历法组成的周期只能区别18980天（约小于52年）以内的日期，因此，若要准确地记录他们的历史，就需要使用另一种更为宏大的计日方法，也就是玛雅人独特的长纪年历法。

长纪年历法也被称作"长期积日制历法"，它用五个数字组成的数列表示每一天，是为了能单独计算所有天数而建立的。

在玛雅语中，日数的单位称为"金"，而20金称为"乌内尔"，18乌内尔为"一吞"，20吞称为"一卡吞"，20卡吞为"一伯克吞"。具体的换算关系如下：

1金＝1天；

1乌内尔＝20金＝20天；

1吞＝18乌内尔＝360天；

1卡吞＝20吞＝7200天；

1伯克吞＝20卡吞＝144000天≈395年。

纪年的五个数字分别列应这五个单位。这样如果有一天写作：3.12.5.10.6，就表示3伯克吞12卡吞5吞10乌内尔6金。奇怪的是，长期积日制历法并不是从0.0.0.0.0开始的，而是由13.1.0.0.0.0算起，"伯克吞"的顺序周期是13、1、2……12。整个历法的长度是13个伯克吞，也就是约5129年。

金星周期

玛雅人在天文学方面有着极为卓越的成就，借由多年来的仔细观察，他们测算的地球年精度已经非常的高，还掌握了日、月、金等星球的运行规律。在玛雅刻本之一的德累斯顿刻本

↑ 金 星

中就有六页准确地计算了金星的位置。

金星周期历法之所以对玛雅人格外重要，可能是因为玛雅人认为金星周期与战争有关，并用它来占卜战争及加冕仪式的良辰吉日，玛雅统治者会计划在金星升起时开战。玛雅人也很有可能追踪了其他如火星、水星，以及木星等行星的运行轨迹，但这目前只是学者的猜测。

公元 2012 年

每个民族一般都有一个纪元，但在玛雅的传说中，他们有五个纪元，每个纪元都是以地球毁灭性破坏的结束为起点的。玛雅的最后一个纪元开始于公元前3113年，这正是他们在中美洲定居下来的日子；玛雅的上一个纪元开始于公元前11000年，那时正好地球上冰河期结束时候。再往前推，他们还有三个纪元，每个纪元的时间都要以几十万年或几百万年来计算。

根据玛雅的这个传说，地球在2012年12月21日前处于第五个纪元期。依照推算，这个纪元会结束于2012年12月21日。在第五纪元结束后，地球进行大净化重生，存活下来的人类会变成意识更为醒悟的新人类，新文明由此开始。

据推测，第13伯克吞的结束对于

第四章　古玛雅的文明成就

玛雅人有极为重大的意义。《波波尔·乌赫》一书汇整了殖民地时期高地中的基切玛雅人所流传创世神话其中的细节，书中的内容提到他们居住在第五个世界。《波波尔·乌赫》中叙述了神明在前四个创世的失败，以及成功创造人类所生存的第五个世界。玛雅人认为第五个世界会在灾祸之中结束，同时也象征了人类的终结。

"2012 年 12 月 21 日"这个日期在许多文章与书籍中引起了广泛的讨论：这到底是代表了第五纪元的结束还是其他截然不同的事物？玛雅人不一定认为 2012 年 12 月 21 日是宇宙的末日，因为在帕伦克遗址中出现的一个日期换算成公历是 4772 年 10 月 13 日。所以对玛雅人来说，2012 年表示了第 13 个伯克吞周期结束，而不是世界末日。

金字塔排列的奥秘

乌夏克吞是玛雅人的一座早期城市，位于蒂卡尔以北 20 千米处。在它的废墟中，有并列着的三座神殿，正对面却是一座金字塔形的小山，高约17 米，由于顶端过于尖锐，所以不适于在上面建造神殿，但在某个时期，人们可能曾经在上面造过一间木屋，因为山顶上仍残存着一个灰泥的平台。这是一个祭献活人的地方。

1928 年，美国华盛顿卡内基学会的一位青年工作人员奥利弗·里克森在乌夏克吞进行科学发掘，当他在金字塔形小山周围工作的时候，他经常在想这塔和对面三座神殿的关系。在1924 年他代表卡内基学会考察乌夏克吞时，他就对考察队指导弗朗斯·布洛姆关于这一建筑的猜测很感兴趣。根据布洛姆的说法，这种格局有着某种天象上的意义，即表示太阳在二分点和二至点时出没的位角。这次里克

森决定，把这个问题解决了。小山上的金字塔正前面的矮坛上竖着一块石表，里克森尝试着把经纬仪放在这个石表的中心线上，然后分别对准三座神殿门洞的中线，以测量夹角。结果石表和神殿的建立确实是经过考虑的特殊设计，整体构成了一个巨大的日晷。

玛雅的天文学家们很清楚太阳并不总是在同一个地点升起和落下，所以他们的神庙就是适应了这一特点。三座殿宇从北至南作"一"字排列。当太阳从第一神殿北前殿角后面升起，就是夏至 6 月 21 日；当它从第三神殿南前殿角后面升起，就是冬至 12 月 21日；而当它从第二神殿正中后面升起，就是春分或秋分，昼夜时间一样长，即 3 月 21 日或 9 月 22 日。祭司特意建立这个巨大的日晷是为了什么？他们的简单经济并不需要精确的时日。玛

古文明浅读

文明史上的奇葩——古玛雅文明

↑ 日 晷

雅人是从事农业的民族，他们需要知道大体上下种和收获的时间。但由于祭司们的日晷能指明每个农时季节，他们必然地会为此举行某种仪式，以强调自己的神通。为了显示这一切"魔法"，祭司们曾经煞费苦心作了必要的布置，这就是金字塔神殿前的陡直石级。每个发掘者都很清楚，这一切是为了制造一种恰当的气氛。他们在一片庄严阴森的气氛中登上塔台，而且很可能在祭献了一些活人之后，才居高临下向农民宣布他们得知的天意，下令将种子撒到地里或收割庄稼。能够解决神殿、金字塔和石表的设置对天象的关系，里克森喜不自胜。但仍无人能解释，为什么这些祭司对神殿的装修要如此不遗余力。如能弄清楚金字塔本身的秘密，将取得更大的成功。里克森第一次开始研究金字塔的时候，就觉得它很神秘。它像是一个尖角的盒子，有一天他小心翼翼地挖开了一个角，意外发现在金字塔里面还有一个金字塔。外面这层金字塔已经非常破败，所以即使全部刨开，也无损于整个遗址，又可因此看到里面究竟是什么样。

结果出现，内部的金字塔保存得几乎非常完好。这是一个低矮的平台，四面都有石级上下。平台的上面，是另外一个平台，只有正前方一条石级可通。石级两旁有18个涂有灰幔的巨石头像，龇牙咧嘴，面容狰狞。为什么这个金字塔要被这样隐匿起来？也许玛雅人本想建造一个更为宏大壮观的金字塔。他们是否实现了自己的计划已经无人知道。但里克森认为，内部的这个金字塔是非常美丽的。它的样式离奇，似乎是介于玛雅帝国艺术和玛雅祖先原始艺术两者之间的过渡风格。对早先金字塔建造者的历史，里克森只能作某些猜测。巨石头像是不会说出他们的秘密的。从刻有纪年的石碑上也不能得到启发。即使里克森能阅读注明公元68年的第一块碑上的所有象形文字，他对玛雅或玛雅以前的历史也不会有更多了解。石碑上的大部分记载很可能只是祭司们观察天象的一些记录，它们的真正用意或许只是加深神秘气氛，使祭司在人们眼中始终保持神明的形象。排场、典礼、仪式和魔法——这就是玛雅帝国的核心。

无论金字塔本身，还是破碎的石雕，都带着祭司们充分利用每种机会来炫耀和故作神秘的印记。甚至每一块石表正式建立的日子也可能成为祭司显示魔法的机会。在这个节日里人们唱歌、跳舞，并为降雨和子孙兴旺祈祷。祭司们则回顾过去5年、10年，或者20年之间在天上地下发生的主要事件。事实上由于一般人看不懂石表上的象形文字，就使得这种魔法更得以维持下去。祭司们很懂得神秘的价值，他们千方百计保守书写的秘密，为的就是使象形文字可对一般人扮演它的神秘角色，但他们很少想到这神秘的代价是毁灭。当帝国、祭司和贵族被西班牙人消灭以后，玛雅文化也就随之湮灭了。

如今重现的玛雅人历史，也只能是一幅千疮百孔、残缺不全的画面了。

第四章 古玛雅的文明成就

无处不在的迷信行为

迷信总是和人类对天文、地理、数理、人文的最初探讨和最初智慧携手而来。早期人类对它们深信不疑，把它们视为同其他生活常识、自然知识一样对人们生存非常重要的经验，认真遵行，并且代代相传。

玛雅人的迷信（不可确证的坚信、执迷不悟）也集中在这些方面。比如梦，如果一个人梦到自己遭受拔牙之类的剧痛，那么就预示着他的一个近亲快死了；如果梦中的痛楚较轻，那么将死的是他的一位远亲。梦到红色的土豆，预示着婴儿的死亡；梦到黑牛冲进家里或者梦中摔碎水罐，都预示着家人的去世。现代精神病学认为，梦确实有预警征兆的功用，现代医学还发现梦是人类生理系统的警示器。不过，即便用这样堂皇的"学术理由"，也只能模糊地解释梦中痛楚的预告作用，而红土豆、大黑牛还是太具

有玛雅的地方色彩了，域外人是无法承认其普遍适应性的，只好认定为迷信。

玛雅人的婚姻迷信，在现代人看来就很有意思，这主要着眼于房间里最不起眼的扫帚上。据称，扫帚扫过男孩的脚，会使他娶进一个老年的妻子；扫帚扫过女孩的脚，则会让她嫁个老头。可以想象，玛雅的妈妈们打扫房间时，一定不会任由她那些大大小小的孩子们在屋里捣乱。另外，还有一些一般的征兆，仿佛中国老皇历里的"宜"与"不宜"。比如看到蜻蜓飞进屋，蝴蝶高飞，都表示有客来到。玛雅历中20天为一个月，不同的日都有吉日凶辰之分。平常玛雅人看到红眼睛的绿蛇、大得出奇或小得出奇的鸡蛋，听到猫头鹰叫，都认为是凶兆。每家每户门前都会放上些装食物的葫芦，家里几口人，门前就放几

个葫芦，以祛病消灾。

再如命运。玛雅人认为如果把柴火掉地上了，柴火仍能继续烧，就是个好运的兆头；假如柴火掉下后能一直烧完，那就表明把它弄掉下去的人一定长寿。打猎人如果把猎获的鹿的鹿头、鹿肝或鹿肚卖掉，就必定会在日后遭厄运。由此还引申出一些诅咒他人的恶毒办法，比如想害某个猎户交厄运，只需向他买些鹿肉，再把骨头扔进井里即可，等等。

长期积日制

到了公元 2 世纪，玛雅人已成为耕作土地、开疆拓土、建造城市和修建宏伟建筑的行家里手。在该时期，统治者将一项重大的变化引入了既有的历法。在卓尔金历首次出现数百年之后，一个新的纪年体系逐渐发展，使纪年中的模糊性消失。由于 52 年周期中特定的日期有相互混淆的危险，玛雅人开始使用其他纪年的方法，这种记录时间的新方法现在被称为"长期积日制"。

长期积日制是以时间中某一个固定的时刻为原点对作为独立单位的各个日期进行连续性并按年代

↑ 林立的石柱

顺序排列的一种记录。对玛雅人而言，"13.0.0.0.0，4 阿哈瓦，8 库姆库"标志着时间的开端。

这一日期同宇宙创始的时刻相一致，继而成为长期积日制的基准日期。发生于该日期之前的事件也能够得到表示，而且玛雅人将这些事件理解为涉及"第四宇宙"（或第四世界，即他们所居住的世界）之前的事件。

恰帕·德·科佐的石柱上记载了公元前36年这一日期。这一实例是中美文化区迄今所知最早的关于长期积日制日期的记载。在玛雅历史接下来的时期中，长期积日制日期出现于绝大多数纪念碑之上。大量长期积日制日期出现于古典期纪念碑之上。这些日期之所以能够提供有用的信息，是因为它们频繁出现于记录玛雅诸王经历的文献之中。有了可靠的日期及相应历史的知识，学者们就能够重构中美文化区的年表及其文化的众多方面。然而至10世纪，玛雅人放弃了这种习惯而以另一种经改造的形式来表示日期。

↑ 古典玛雅铭文

第四章 古玛雅的文明成就

古文明浅读　文明史上的奇葩——古玛雅文明

知识小链接

象形文字

象形文字来自于图画文字，是一种最原始的造字方法，图画性质较弱，象征性质较强。因为有些实体事物和抽象事物是画不出来的，它的局限性很大。埃及的象形文字、苏美尔文、古印度文以及中国的甲骨文，都是独立地从原始社会最简单的图画和花纹中产生出来的。约5000年前，古埃及人发明了象形文字。这种字写起来既慢又很难看懂。随着时光的流逝，最终连埃及人自己也忘记了如何释译象形文字。后来经过法国人的译解，才辨认出这种文字。中国纳西族所采用的东巴文和水族的水书，是现存世上唯一仍在使用的象形文字系统。

宇宙观和时间观

我们现代人喜欢用冰冷的术语把周围的世界分门别类进行描述和研究，如气候、地质、植物、动物、环境，等等。但玛雅人看世界的视角和我们完全不一样，他们对周围的世界充满了炽热的情感和丰富的想象。在玛雅人看来，现代人对世界分门别类的描述，是对世界众多侧面中的某一个侧面做了过于详细的考察。人为地把世界的某一部分分割出来，而不考虑它与其他部分错综复杂的联系，这是玛雅人所不能接受的。

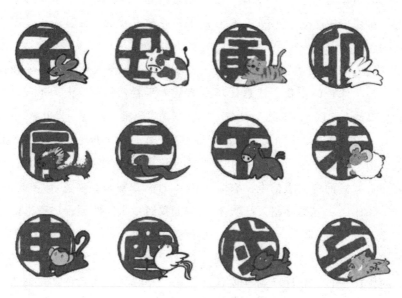

↑十二生肖

古文明浅读 文明史上的奇葩——古玛雅文明

玛雅人给宇宙排列了次序，并用自己的心灵、头脑以及双手，构筑一个既满足他们自己需求、又适用于那个时代的宏大完美的体系。在这个体系里，居住着一大批超自然的神灵：玛雅宗教里的各种神祇、玛雅思想中象征性的动植物、不计其数的精灵们，等等，而他们又都融于普通人的生活中。每一位玛雅的神灵，都和某一个生活中的抽象概念关联，就像中国古代青龙、白虎、朱雀、玄武分别与东、西、南、北，而十二生肖动物又分别与某一年相关一样。另外，玛雅人的神灵也不是永远能够占据舞台的。玛雅人认为整个宇宙是连续不可切分的，而这些神灵们在空间时间的连续性中永远地运转流动着。这也和中国的古代"易"的思想相近："穷则变，变则通，通则久。"

对现代人来说，时间就是发展的坐标，就是无休止的变化，就是日新月异。而玛雅人却认为时间是一个圆，它周而复始，是不停轮回的，是循环的。整个中美洲古文化区都有这种观念，就连古时候的中国也信奉一套类似的观念，比如"五德终始""天不变，道亦不变"，等等。

玛雅人的世界观和古代中国世界观有一定的类似之处。他们都是靠天吃饭的农业文明。冰河期气候干燥，中纬度地区成了许多有培育前景的一年生草本植物的天下。这些地区的人类采集某些草本植物的种子，并进行培育，从而创造了新的生存基础——农业。于是，自然界的"一岁一枯荣"从原本无关紧要的风景，变成了人类生计首要关心的问题。从播种到收获，一个农业周期便告完成，直到季节下一轮寒暑更替时，这个播种到收获的过程继续重复。对于一个长期依赖农业的社会来说，这个不断重复的过程似乎是没有止境的。低下的农业生产效率，使得社会长期稳定地维持着。一个农业周期接着一个农业周期，就像昼夜和四时的交替重复一样。所以古希伯来人把收获季节之后作新的一年的开始。循环往复的农业生活产生了周而复始的时间观，这种时间概念对玛雅人来说是非常重要的，它渗透在日常生活的方方面面。

因此，玛雅人看到的世界和我们现代人所看到的世界大为不同，但这并不是说玛雅人的这一套世界观落后、愚昧。确实，对于现代人来说，要完全理解玛雅人的这套自成体系、功能完善的离奇概念，实在是有点困难。假如我们一味地纠缠于玛雅人世界观是否"歪曲"，那么智慧就被我们所处的文化框死了，我们就不能透过玛雅人的"歪曲"看到某种文化创造的灵气，也就忘记了我们智慧的本质。

我国《淮南子》中的宇宙观

　　早在我国西汉时期，《淮南子·俶真训》一书便有观点，认为世界有它的开辟之时，有它的开辟以前的时期，也有它的开辟以前的以前的时期。《淮南子·天文训》中还具体勾画了世界从无形的物质状态到混沌状态再到天地万物生成演变的过程。在古希腊，也存在着类似的见解。例如留基伯提出，由于原子在空虚的空间中作旋涡运动，结果轻的物质逃逸到外部的虚空，而其余的物质则构成了球形的天体，从而形成了我们的世界。

第四章　古玛雅的文明成就

鬼斧神工的雕塑

　　古典时期，玛雅雕刻艺术获得了高度的发展。最初，玛雅的雕刻是用树木作材料的，能保存下来的极其罕见。后来，在制作宏伟的纪念碑时，玛雅人采用了石灰石和砂石。

　　玛雅雕刻艺术的发展大致经历了三个时期。

　　第一个时期，大约在4世纪。浮雕上的人体比例逐渐准确，人物造型及神态越来越趋向写实，出现了真实感较强的正面人物形象，并逐渐发展成熟，工艺近乎似圆雕。而在此以前，由于平面浮雕工艺受到木雕技术的影响，人体比例并不准确，人物姿态多静止不动，显得呆板而生硬。

　　第二时期，在7世纪至8世纪初，雕刻作品构图逐渐复杂化。除了首领、祭司和神祇的形象外，还出现了一些次要人物。人物形象更加鲜活逼真，权贵的形象庄严雄伟。这一阶段末期，

↑玛雅雕塑（1）

各个城市的雕刻显现出不同的风格，

并先后出现了一些地方流派。

8世纪后半期至9世纪为第三时期，是玛雅雕刻艺术发展的鼎盛时期。这一时期，形成了皮德拉斯·内格拉斯、亚克斯切兰、帕伦克、科潘、基里古亚等流派。在各个流派的浮雕作品中，均出现了多人物构图，低浮雕往往与高浮雕相互配合。

皮德拉斯·内格拉斯流派以人物动作生动自然、轮廓线条柔软、低浮雕与高浮雕配合大胆及构图匀称协调而著称。帕伦克流派的雕刻则具有造型细腻、细部刻画精致的特点。科潘和基里古亚流派追求真实感强的雕刻风格，但最终没有实现。科潘纪念碑上的首领形象往往神态呆板、庄严，且占据了整个石碑面积的3/4。此外，

↑玛雅雕塑（2）

表现神祇和人的陶制小塑像以及宝石雕刻品也达到了相当高的水平，人物形象真实、性格勇猛、造型柔和，技艺之高甚至超过了圆雕形式的纪念碑。

玛雅人是以绚丽的色彩来表达情感的艺术巨匠和建筑大师。他们用五颜六色的颜料渲染自己生活的每一个场景，用刻刀留住自己情感的每一个瞬间。岁月的流逝，并不能彻底消磨掉他们辉煌的历史。

玛雅人的雕刻作品中，既有写实的图画，也有抽象的图案。他们大多以人物或具有人性特征的神灵形象作为表现内容。最初，玛雅人并不太追求建筑物表面的装饰，主要以实用为主。后来，生产技术提高了，制作工艺改进了，审美观也随之改变了，他们开始煅烧石灰，用灰浆涂在抹建筑物的表面，以达到装饰的效果。到了后古典期，建筑物正面墙壁的装饰成为一道不可或缺的工序，或采用浮雕的手法来装饰，或采用描绘的方法来粉饰，手法多种多样。

在玛雅人的雕刻作品中，纪念碑占有举足轻重的

地位。

玛雅人制作了数目众多的纪念碑，雕刻手法多样。不过，把立体的圆雕技艺与图画般的浮雕手法合二为一，这在世界各地古代文明的雕刻艺术品中是较为罕见的。更重要的是，玛雅浮雕在塑造和加强形象的立体感方面也有极高的成就。3.5米高的科潘1号碑是纪念碑中人物雕刻的典型，其正面是披挂齐整、盛装华服的国王形象。国王的头部、手足都要比常人大得多。可能出于表现国王的尊严，人物形象

↑玛雅雕塑（3）

比较傲慢严肃，这使得其姿势和表情有点呆板，尤其是脸上的表情显得很僵硬，但庞大的体形和凝重感仍能令人感到他的威严与庄重。

玛雅人在宗教生活中非常重视装饰品的使用，雕刻作品也是如此。在雕刻重要人物形象时，玛雅人对人物复杂的头饰非常注重。胸部以上（包括头部）雕刻了许多装饰品，而胸部以下非常简略，整个下半身大大压缩，头和脚的大小很不成比例，大大损害了雕像形象的生动性与完整性。这可能是玛雅艺术家在宗教礼仪下不得不做出的"牺牲"。

在一些独立的小雕像或用作神庙建筑装饰的雕像上，玛雅艺术家受到的约束不像制作纪念碑雕刻那么大。如科潘神庙中的玉米神雕像，全身近乎裸体，头上简洁地制作了一束玉米，但感情非常丰富、深沉。如此古拙朴素的风格，显得和传统的玛雅艺术有些格格不入，但也正是其精髓所在。

石碑艺术

玛雅人在雕刻艺术方面取得了杰出的成就，纪念碑和建筑雕刻是其中的代表。玛雅地区的石碑数量众多，几乎所有的玛雅遗址中都有发现，其中以蒂卡尔和科潘最为出名。玛雅石

碑通常用整块的巨石雕刻而成，石碑的正面往往是国王或权贵的形象，他们头戴烦冗复杂的头饰，身穿华丽的盛装，人物形象各不相同。石碑的背面和侧面则刻有象形文字，记载着某一时期发生的重要历史事件。

早期的玛雅石碑，正面的人物形象生硬呆板，神龛很浅，人物也只好采用高浮雕法，人体比例很不协调。随着雕刻技艺的不断改进，神龛变得较深，各种比例都兼顾到了，细节的制作也趋于完美，人物形象变得栩栩如生。从建于公元 761 年的一座石碑上可以看到，神龛已经足够深，人体比例较为准确，细节刻画也很讲究，同时高浮雕和浅浮雕也做到了完美结合。

蒂卡尔遗址的纪念碑很多，现在已发现了 86 个，其中 21 个石碑有雕刻。有雕刻的石碑正面大多数采用浅浮雕，内容是贵族或武士的侧面立像。而科潘遗址的纪念碑表现出这时期的玛雅人对高浮雕的偏好。人物多为正面立像，胸部以上包括头部在内，全被烦冗复杂的装饰物所包围，但面部却显得庄重安详，既有巴洛克艺术奢华繁缛的风格，又有高度写实的特征，烦琐的装饰与简洁的刻画形成强烈的对比。

建筑雕刻

玛雅建筑物上最盛行的装饰形式是浅浮雕，风格比较流畅，内容以写实为主。随着雕刻技艺和审美观的发展，逐

↑玛雅雕塑（4）

古文明浅读

文明史上的奇葩——古玛雅文明

渐形成一种固定的模式——动物的形象日趋图案化，而人物形象却始终保持自然主义的风格——身上仍佩戴着珠宝、羽毛、符号标志等装饰物。后来，玛雅人用图案填满建筑装饰浮雕的整个空间，布局更加合理，装饰效果更加明显。石板浮雕装饰常出现在玛雅建筑的表面和墓室中，多为浅浮雕。这些浮雕虽然刻得较浅，却具有很强的立体感。画面通常表现的是人体侧面，刻画极为写实，面部和手的细节表现得很优雅。有的小型石板上的图案表现得非常生动，人与动物聚集在一起，不同的动物交相混杂。甚至还有依偎在一起的裸体形象，刻画得既写实又夸张，还富于装饰性。

石板浮雕的杰作是帕伦克铭文神殿地下墓室石棺盖板浮雕，它内容复杂，图案烦冗，人物身上还刻着生命之树。在帕伦克神庙和宫殿的墙壁、祭坛及石柱上，还发现了许多严谨肃穆的古典雕刻图案。那里的祭坛和石柱都是用整块岩石凿成的，上面雕有生动逼真的祭司和武士形象。这些人衣着讲究、装饰华丽，其周围还刻有象形文字和象征性图案。在玛雅的建筑装饰中，有许多雕刻作品是石灰泥雕。许多城市的建筑外墙和房间内部也装饰着石灰泥雕，并涂以鲜明的色彩。这些石灰泥雕与石板浮雕相比更

↑玛雅雕塑（5）

接近高浮雕，人物面部近于圆雕，凸出的鼻子、张开的嘴、突出的牙齿，都与圆雕的处理手法相同。不过，因石灰泥不易保存，许多建筑物上的雕刻都已荡然无存。

木雕与玉雕

木雕出现在玛雅社会早期。由于木料很容易腐烂，再加上地处热带丛林中的玛雅地区潮湿的环境，即使当时制作的木雕作品再多，保存下来的仍是凤毛麟角。

↑ 玛雅木雕

一位美国的考古爱好者，曾在乌瓦夏克吞玛雅遗址的"统治者宫殿"发现了一根常青树制成的柱子，这是在乌瓦夏克吞所发现的唯一有雕刻的柱子，可能是哥伦布发现美洲大陆前中美洲最精美的作品之一。遗憾的是，这根柱子被这位考古爱好者带回美国后，不幸在纽约的一场大火中被烧毁了，这是一个无法弥补的损失。

在奇琴伊察遗址，考古学家在大球场西墙顶部的美洲豹神庙里，发现了一根横跨在内部门道上的木制横梁，保存完好。横梁的两根立柱上均雕刻有美丽的装饰性花纹，中间横梁上有一个人形的太阳圆盘，两侧则是被羽蛇神缠绕的人像。他们还发现了一把木制的献祭刀，刀柄上雕刻有两条互相缠绕的响尾蛇。薄而坚硬的刀体装在这个刀柄上，刀柄表面覆着一层薄薄的金子。

在蒂卡尔遗址 5 座金字塔神庙的门廊上，玛雅人的木雕艺术得到了最完美的体现。门廊的每个横梁都包括 4～10 个常青树的柱子，每根柱子长 2～5 米。门梁上的图案是羽蛇神形象，其身体中部成拱形，形成了一个神龛；头向左方，从宽阔的嘴中露出的是一个神灵的上半身；尾巴朝向右方。在门梁的左上方和右角，刻有象形文字的铭文。象形文字的饰板之间，刻着巨大的张开双翅的绿咬鹃或献祭鸟形象。

玛雅的玉雕工艺也非常精湛。但这项工艺究竟起源于何时，至今无法考证。到后古典期，发展成熟。玉雕作品刀法圆润流畅，技法娴熟多样。在危地马拉一座玛雅遗址中发现的一件早期的人形玉雕，刻画的是人物的站姿，设计也很精巧。该作品呈现的是人体左侧面，身体朝前倾斜。面部是典型的玛雅人的轮廓，头饰由鳄鱼头部和前腿组成。

奇琴伊察遗址出土的一个玉雕头像，制作时间可以上溯到 674 年。该头像高 9 厘米，后部外侧中空，头饰是一只美洲豹的头，铭文则刻在背面中空的平整的边缘周围。考古学家在乌瓦夏克吞的庙宇的台阶下发现了一

↑玛雅的玉雕

尊碧玉人物全身雕像，重 5.2 千克，这是在玛雅地区发现的最大的碧玉雕像。雕像上人物的眼睛是长方形的，涂以鲜艳的红色。雕像上还钻了一些小孔，可能是为了悬挂饰物。此外，玛雅人有给死人戴玉石面具的习惯。面具一般用玉石按死者的相貌雕刻而成，带有明显的写实性。眼睛用珍珠贝和黑曜岩镶嵌而成，在黑曜岩的眼珠上还会画上瞳孔。

玉石面具在一些玛雅墓葬中都有发现，是常见的玛雅玉雕作品。

鲜活的泥塑

在玛雅雕塑作品中，最为出色的不是石雕，而是泥塑。

泥塑在美洲有非常悠久的历史。人们在墨西哥城外桑格尔和特拉潘火山岩浆流下面的史前墓地里，发现了大量的泥塑头像，这些头像距今已经有 3000 年的历史了。在玛雅早期遗址乌瓦夏克吞，人们也发现了和史前文明相似的泥塑头像。发现于乌瓦夏克吞的泥塑头像，做工十分粗糙：眼睛只是两个穿凿成的杏仁状的圆洞，眼眉只是两条浅浅的线条，脸部塑造模糊。据考证，这些泥塑作品制作于公元前 1000 年。不过，在这里也发现了大量的玛雅古典时期的泥塑作品，它

们和史前的泥塑头像相比就精致多了。

泥塑作品贯穿玛雅人的历史，在玛雅文明涵盖的任何地方，都可以看到精美的泥塑人像和小雕像。尤卡坦半岛北部西海岸的海纳岛是玛雅人的墓地聚集区，那里出土的泥塑人像更是举世闻名。在玛雅名城奇琴伊察，那里烘烤成的泥土雕像和头像几近完美。在奇琴伊察遗址的北柱廊发现的精巧泥塑烟斗，打磨光滑的烟斗柄长50厘米，烟斗锅高 5.7 厘米，顶部张开的直径有 7.5 厘米。烟斗锅的前部有一个泥塑的鸟头，鸟头中空，内置一个泥土弹丸，烟斗移动时就会发出响声。烟斗锅的背面，刻有条状纹饰，纹饰呈温暖的陶土红褐色，非常精致。

后古典时期，熏香炉已十分普遍。熏香炉的顶端是陶土烧制的，其外壁嵌有雕像。玛雅后古典期的泥塑大都比较拙劣，装饰着色也比较粗糙，大不如古典期的泥塑了。

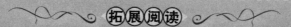

拓展阅读

陈列性雕塑

陈列性雕塑又称"架上雕塑"，尺寸一般不大。它有室内外之分，是以雕塑为主体充分表现作者自己的想法和感受、风格和个性，甚至是某种新理论、新想法的试验品。它的形式手法让人眼花缭乱，内容题材广泛，材质应用现代化，给有才能的艺术家提供了创造性的空间，保证了人类最主要的艺术形式之———雕塑，有一个美好的未来。

烈火中的彩陶艺术

彩陶艺术

古典时期的玛雅人创造了几乎可与希腊瓶画相媲美的陶瓶。在没有发明陶轮的条件下，玛雅人制作出了轻巧、雅致而又优美的陶器，把古代美洲最常见的陶瓶升华为一种艺术品。玛雅陶器主要有圆柱形花瓶和大酒杯，造型简单。

彩陶工艺在装饰手法上一般分为两大类，一类是彩绘装饰，一类是彩塑浮雕装饰。

彩绘装饰是指在红色或白色的陶土底色上，绘上各种人物的服饰、活动场面和姿态。比如拿着贡品的高大的祭司、比赛中的运动员、魔术师、武士、贵族……凡涉及社会活动的各种内容，都可以成为绘画的主题。这些人物都被刻画得栩栩如生，有的戴着复杂而高耸的头饰，盛装华服；而有的则完全是平常的打扮，穿得极为

↑ 彩陶脸谱

简单闲适；有的正在吸烟，烟雾缭绕；有的人正在跑步，步伐矫健……在这些彩陶画上，玛雅艺术家用黑色颜料勾勒人物轮廓，然后采用薄涂技术反复涂盖，把颜料覆盖在陶器上。这些陶器图画构图巧妙，情节细腻，线条流畅，充分显示了玛雅人卓越而精湛的艺术造诣。

彩塑浮雕的装饰物大多是面具，包括人物和神的面具，此外还有象形文字装饰。这类浮雕也相当精美，有的细部刻画是由画家用针尖一样的工具精心雕刻出来的。面具多样而奇异，轮廓优美，造型比之彩绘风格显得更为程式化和抽象化。人物形象大多呈饱满的圆形或方形，占满整个装饰面，给人以厚重、敦实的凝重之感。

最精致的彩陶作品是在乌瓦夏克吞遗址 A－1 建筑石头垒成的坟墓中发现的。这个彩绘花瓶，背景色是鲜艳的橘红色，人物形象用褐色勾勒出轮廓，用黑色和不同深浅的黄色填充。画面顶部是一排象形文字，人物之间穿插有象形文字饰板。一个祭司坐在宝座上，面向中部的象形文字的饰板；他身后站着一个全身漆黑的侍者，手握一个奇形怪状的燧石；另一个人在祭司头上打着羽毛华盖。象形文字饰板左边有 3 个人，两个立像被涂成黑色，一人拿着奇形怪状的燧石，另一人手持长矛。在他们之间，是手捧两个合扣碗的美洲豹。该坟墓还出土了一件三足平盘，极其精美。画面背景色是赤土色，图案用黑色勾勒，轮廓用黑色和红色描绘。画面上，一个舞者只用脚尖站立保持平衡，舞者的右

↑玛雅彩陶

手轻轻地放在臀部旁边，左手以一种优雅的姿态向外翻转，动作轻柔优美。线条的流畅、图案的精美与圆盘惊人的吻合，这些无疑都显示了玛雅人彩陶工艺的成熟。值得得注意的是，盘子底部有一个小孔，这意味着盘子的主人将步入另一个世界。

拓展阅读

中国当代彩陶艺术

在当代彩陶艺术的发展历程中，四川彩陶，起到了不可忽视的推动作用。

四川彩陶制陶业的兴起，以1998年吕艺彩陶的成立为标志。在短短十多年的时间里，四川的彩陶生产厂家数量已经超过二十余个，产品远销海内外。在全国重要的工艺品市场中，消费者可以很容易地购买到集古典、现代美于一身的彩陶工艺品。作为该行业的开山鼻祖——吕艺彩陶，已经在市场的变革中逐渐退出市场的舞台，但它曾经创立的辉煌是无可超越的。该公司作品"十大元帅瓶"为中国军事博物馆所收藏，后来作为国礼，在庆澳门回归之时赠给了澳门市政府。

当代的彩陶艺术生产流程总计五十余道工序，其中融合了流传已久的拉坯技术及陶坯雕刻技术及当代的色彩工艺。当然，当代彩陶艺术的发展时间尚短，文化积淀依然不足以和源远流长的古典彩陶相媲美。但中国陶文化的形成需要时间，需要更多地将时代科技与中国文化相结合。一个没有文化的产业，必然是经不起时间的检验的。

玛雅的舞蹈和音乐

音乐与舞蹈

据近代亲眼见过玛雅人舞蹈的目击者说，有一次举行盛大集会，70余个部落，约15000人前来参加。舞蹈者踩着鼓点，跳出各种各样的舞姿，旁边的观众也是人山人海。不同的观察家统计的玛雅舞蹈种类不一，有说达到一千种，有说八百种左右。但这都说明玛雅舞蹈种类确实繁多。

玛雅男女各有各的舞蹈，极少男女共舞场面。有一些表现战争的舞蹈，参加人数达80多人，场面很大。舞者手持小旗，随着鼓声迈开军步。虽然场面盛大，人数众多，却繁而不乱。有一种玛雅语叫作"colomeche"的舞蹈，也很有特点。众人围成大圆圈。二人随着乐声步入圆圈，手里握着一把芦苇。先是一人翩翩起舞，舞蹈过程中始终保持手中芦苇竖直向上。与此同时，另一人采取蹲式，两人始终不出圆心。然后，持芦苇跳舞的人用力将芦苇扔给对方，而另一人则以极高超的技巧，用一根小棍将芦苇接住。一扔一接完成后，他们回到原来位置。接着就有另外二人在音乐声中继续登场。与观赏性或自娱性的舞蹈相比，玛雅宗教性的舞蹈对玛雅人来说更为重要。这类祭祀舞蹈，一半是娱乐，一半是抽风。文化精神分析派学者将宗教仪式上的神舞解释为一种暂时性的癔症发作。那些在激烈的身体扭动中体验到神灵附体的舞者经常会当场抽搐、战栗，表现出一种极度的狂醉感。

玛雅遗址中有些小型平台，经考古学家鉴定，从未有过在其上搭建更高层建筑的痕迹，它们很可能就是戏

↑玛雅人的舞蹈

剧舞台。从近代玛雅后裔的情形看，戏剧流行很广，既有职业演员，也有专门道具。虽然戏剧作品没有留存至今天，但据查确实有一些剧目存在。

 玛雅人的乐器

 鼓

玛雅的艺术品中描绘了各种各样的乐器，王室及贵族的墓葬都有乐器随葬，住宅废墟中也曾经发掘出一些乐器。早期的西班牙人对玛雅乐器也

有过描述。玛雅乐器中有各种各样的鼓：海龟壳鼓，用手掌击打会发出低沉的声音；被称为吞库尔的中空木鼓，这种鼓形体较大，用顶端裹有橡胶的长木棒敲击，鼓声能传至很远；还有其他的一些鼓，如半球形铜鼓，等等。

❖ 响铃和哨子

在游行的队伍当中，带有羽毛装饰的响铃（一种木制或陶制的乐器）是一种常见的伴奏乐器；摇动响铃时，里面陶制的小球或小颗粒会发出动听

的声音。喇叭多种多样；有些喇叭很长，用木头制成，末端装有带螺纹线的葫芦，此外还有海螺壳喇叭。有一种被称为奥科瑞纳的人形哨子在葬礼上经常使用，这种哨子有不止一个按孔。有些哨子是用芦苇、木头、陶土或者鹿的腿骨制成的；演奏时音符的数量取决于按孔的数量，通常为一到四个。在伯利兹的帕克比顿遗址，考古学家发掘出了几个男女均可使用的奥科瑞纳哨子，出土时还可以吹奏，发出来的声音像短笛，男性形象的哨子音调则较女性形象的哨子更为低沉。

歌曲与表演

玛雅人在吟唱自己的神话和古代传说时，需要有一位德高望重的祭司来引领。人种学者认为，玛雅人在公共庆典中通常要朗读或表演玛雅书籍中的故事；在有史料记载的时期，《拉比纳尔的武士》作为玛雅地区著名的曲目就被编写成戏剧作品进行表演。早期西班牙人详细记载的舞蹈并不多，但是玛雅艺术品中描绘了很多不同的舞蹈。有一些描绘的是一个独舞的舞者；在一些表现玛雅统治者的雕刻石柱当中，刻画了一些一只脚抬起似乎在跳舞的人物形象。西班牙人记载了16世纪时一批由许多男人合演的舞蹈，

其中就有表现战争的舞蹈；另外还有舞蹈是男女合演的，当时西班牙的天主教神父认为这种舞蹈充满了色情成分。

宴会

玛雅人可能从很早的时候开始就有举行宴会的习惯了，考古学家猜测玛雅人最初种植玉米就是为了制作在宴会场合饮用的啤酒。在古典期的宴会中，贵族们通常饮用巧克力饮料，一些花瓶上的彩绘表明，人们在宴会中会使用灌肠剂达到沉醉的目的（因为灌肠剂流经消化道，能产生比饮酒更为直接的影响）。玛雅人制作了几种酒精饮料，虽然这些饮料通常是在宗教仪式中使用，但是西班牙牧师曾记载说，在上流社会宴饮中玛雅人也会大量地消耗这种酒精饮料。

最豪奢的宴会要包括乐师、舞者以及小丑的表演，在后古典期，有些小丑极其逼真地模仿了西班牙人的形象。宴会也要有巧克力饮料、烧烤的家禽肉、玉米面团包馅卷、其他的美味佳肴以及男人们爱喝的大桶巴尔切酒。宴会结束时，男人们都烂醉如泥，他们的妻子不得不过来帮助他们回到家中。这些宴会体现了上层社会成员之间互相酬谢的制度，赴宴的人也要

邀请此次宴会的主人去参加自己举办的宴会。玛雅人也有一些家庭性宴会，如举办婚礼和祭祖，包括贵族在内的所有不同阶层的人都会举办这种宴会。

中国音乐

中国音乐历史有正式的文字记载，始于周朝。

中国音乐从很早便已经出现七声音阶，但人们一直偏好比较和谐的五声音阶，重点在五声中发展音乐，同时将中心放在追求旋律、节奏变化上。中国音乐的发展方向和西方音乐不同，西方音乐从古希腊的五声音阶，逐渐发展到七声音阶，直到十二平均律；从单声部发展到运用和声。所以如果说西方音乐像一堵墙壁，上面的轮廓如同旋律，砖石如同墙体，即使轮廓平直，只要有和声也是墙。中国音乐则不同，好像用线条画出的中国画，如果没有轮廓（旋律）则不成其为音乐，但和声是可有可无的。所以西方人听中国音乐"如同飘在空中的线"，而从未接触西方音乐的中国人则觉得西方音乐如同"混杂的噪声"。

玛雅人发达的水利系统

公元3世纪至9世纪，是玛雅文明的黄金岁月。玛雅先民若在低地种植玉米，就要解决排涝问题。当然，他们也可以在山坡开垦梯田，以保证主食玉米这种旱地作物所要求的土壤条件，但这种山坡地都不大。根据学者们研究，山坡地地力不足，一块土地耕种几年就必须休耕废弃。这样一来，人们所需的耕地总量就要翻番，以保证休耕期还能吃得上饭。

要养活日益增多的人口，这种轮作法肯定是有其局限性的。摆在玛雅人面前有两个问题：要么改进耕作技术，要么缩减人口——而玛雅文明如此辉煌，特别是遗存的如此众多的大型石建筑，必然要有成比例的人口数量才能解释，据推测，古

↑阿兹特克人

典期玛雅人口，大约达到二三百万。这么多人的吃饭问题的解决，正显出玛雅文化的智慧之处。

1980年6月2日，美国卫星探测系统透过茂密的丛林发现了纵横交错、规模宏大的沟渠网络并拍照。为了证实图片上的"沟渠网络"，一批大学教师亲往考察。他们或步行或乘独木舟，进入现今的危地马拉和伯利兹境内的低地热带雨林。他们亲眼看见了这一奇观——原来这"沟渠网络"是玛雅先民的排水沟渠网，它们宽度1～3米不等，深半米。沟渠用石锄刨挖而成，用于排水，这显然是玛雅人对付沼泽地的淹涝、开辟旱地的策略。经科学方法测算，这些沟渠确系玛雅古典时期

所修。这也就解开了公元 3 世纪至 9 世纪玛雅人在这片低地的生计之谜。

现存玛雅遗址中有一种称为"高地"的花畦，是玛雅人针对大雨淹涝而开辟的。即使雨水过多，花畦上面也可以照样耕种玉米。

玛雅人的邻居阿兹特克人，在文化上是玛雅人的模仿者。他们有一种叫作"水中田畦"的人工地块，制作方法是先用树枝芦苇编成排筏，用淤泥掺上其他泥土，敷在筏上。然后种植菜蔬花卉。排筏放在水域中，通常若干排筏相连，用木桩插入水底来固定。还有填湖泊水洼修造的小块土地，所以叫"水中田畦"。阿兹特克人的这些做法，大概也是从玛雅人那里学到的。

自然环境的恶劣迫使玛雅先民不得不做出一些改变。倘若没有进行大规模关乎生计的工程（排涝渠网系统）的客观需要，恐怕也不会有玛雅社会组织体系的进步。由这种集体劳动的组织管理中积累的经验，促成了古玛雅人进行宏大的文明创造的气魄和能力。有学者提出了疑问：为什么玛雅文明会出现在低地热带丛林呢？那里并不需要灌溉，他们认为地球上大多数农业文明都兴起于大河流域（如埃及尼罗河、印度恒河、中国黄河、中东两河流域），并且由大规模灌溉系统的建设促进了高度组织化的社会管理体系。玛雅文明显然不具备这些条件。

其实，低地玛雅人不需引水浇灌，但不得不排水排涝。大型水利工程对他们来说，同样不可缺少。这不正是使玛雅文明进步的绝好契机么？进一步说，玛雅地区的很多石建筑都有巨大的台基，这很可能是防御洪水的一种措施。从玛雅人的世界观可以看出，他们对多次毁灭人类的洪水有着很高的警觉，那么，一级一级升高的金字塔是否就是他们坚不可移的"方舟"呢？水，对玛雅人的生存、文明、信念，都有绝大的意义。

知识小链接

我国秦汉的水利建设

我国历来重视水利建设，远在战国末期，秦国国力殷实，重视水利，及至统一中国，生产力更有较大发展。四川的都江堰、关中的郑国渠和沟通长江与珠江水系的灵渠，被视为秦王朝三大杰出水利工程。国家的昌盛，使秦汉时期出现了兴修水利的高潮。汉武帝瓠子堵口，东汉王景治河等都是历史上重大事件。甘肃的河西走廊和宁夏、内蒙古的黄河河套，当时也都兴建了引水灌溉工程。

古文明浅读　文明史上的奇葩——古玛雅文明

玛雅建筑的特点

广场和内部空间

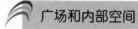

虽然玛雅诸城可能在世俗生活、宗教信仰上有些不同，但其建筑的基本特点大体相同，且这些特点延续两千年之久。玛雅所有的仪式中心都有大型的室外广场，并且在广场周围建造了宏伟的建筑物。随着时间的推移，在以后的重建过程中，新老建筑相互结合，因此，玛雅建筑的宏伟特性是通过将一种建筑建在其他原有建筑上来实现的。玛雅城中建有几条堤道，但它们主要将广场和其他建筑群连接起来，而不像现代街道那样从市

← 墨西哥玛雅时代建筑

中心向市郊将城市分割成若干方形街区。

广场的地面上铺有石头，它是人们开展公共活动的场所，大都建在户外。广场周围建有高墙和宏伟的建筑物，这些建筑的重要性远远超越其本身，因为在舞蹈、球赛、献祭等政治和宗教仪式中，这些建筑物是参加者的活动背景。建筑物上那些高度适中的台阶供人们登顶之用，而在科潘遗址所发现的那些很高的仪式性台阶则可能是仪式表演中的座位。这些宏伟的建筑及其上所绘的场景总能给人留下深刻印象，让他们深深折服于王权的统治实力和城市的神圣。

玛雅建筑的内部相当狭小，可容纳的人数有限，根本无法与科潘遗址那些能容纳三千余人的广场相比。王室和神庙内部仅供贵族和祭司阶层使用。为了增加内部空间，一些玛雅建筑便采用了一种交错的拱顶技术。到古典终结期，尤卡坦北部地区采用了一种支柱——楣梁式建筑，使建筑物内部的空间有所增大，这仅能满足特权阶层的仪式典礼之用。贵族和平民的住宅中都建有庭院，贵族的庭院更大些，以便满足整个家族的需要。对玛雅人来说，建筑的最大目的是形成宏伟的外部空间。如在仪式中心，所有的区域都是公共的，并且那里的建筑也是该区域中最宏伟的。

专门建筑群

中美洲各地还有一些具有特殊功能的建筑群，这些专门建筑群总被建在户外，如广场四周或高台之上。最典型的专门建筑群是神庙（建于层阶金字塔顶端的平台上）、舞场、王宫，甚至还有蒸汽浴室。玛雅王宫是一个建于多重基台上的许多建筑的集合体，宏伟异常，所以有"卫城"之称。除此之外，玛雅地区还有一些专门建筑群。常见的有萨克比奥布，还有玛雅人十分偏

↓带拱顶的建筑

↑ 石柱群

爱的三位一体建筑群。萨克比奥布将城中建筑与城郊建筑连接起来，而三位一体建筑群则由三座建筑组成，其中两座建筑面对面地建于同一基台之上，它们中间还有一座更大的建筑，这三座建筑结为一体，形成 U 形。

 独立式纪念碑

独立式纪念碑矗立于仪式广场上，大体位于整座王宫的台阶前方，或中轴线上。大多数建筑群内都建有独立式建筑群，这些独立式建筑群或者是神坛（实际是王座）和石柱，或者是后古典期向恰克·穆尔神献祭的雕刻和献祭石。在建筑物周围建造独立式建筑群的传统起源于前古典期早期的奥尔梅克人，一直延续到西班牙人入侵。古典期，玛雅人特别喜欢在主要建筑群前竖立石柱，并在石柱上雕刻他们的统治者和象形文字文献。到古典终结期，石柱已不像以前那样普遍，但建筑物前面仍并排排列有独立式纪念碑，如双头美洲豹王座和恰克·穆尔神献祭雕刻。到了后古典期晚期，独立式纪念碑的数量更加少，且做工粗糙，但是在玛雅潘等地仍然存在。此时，人们只是竖立些普通的石制纪念碑，以纪念历法仪式。

实 拱

实拱有时被称为"伪拱门",以区别那种仅有楔石的拱门,这种建筑样式仅在玛雅地区较为普遍,而在中美洲大部,有时也包括玛雅,石建筑的屋顶或是用草铺建的斜坡屋顶,或是用木横梁所支撑的平顶。在前古典期晚期蒂卡尔的佩滕堡和瓦克纳等地,坟墓的拱顶开始改用形状不很规整的石块来建造,这是目前所知玛雅实拱的最早例子。到这一时期末,实拱成为拱顶建筑中的一种常见样式,不仅在坟墓上,而且在神庙和王宫建筑中也越来越多地被采用。普通玛雅人的房屋也采用实拱,从而抛弃了屋顶为双面斜坡的传统草房。但是实拱造成的玛雅建筑只能建造一层,内部空间变得更为狭小。

玛雅以外的中美洲地区很少采用拱顶,以至于那些地区所发现的大部分拱顶建筑都被后人认为是玛雅影响的结果。然而,人们在墨西哥的格雷罗州遗址所发现的一些拱顶建筑明显不是玛雅的建筑样式。这些拱顶大部分发现于坟墓中,而非神庙建筑中。

↑ 玛雅建筑内部情况

虽然人们对格雷罗遗址最早采用实拱的确切时间一无所知，并且实拱在他们的建筑中也不很典型，但还是有一些考古学家认为实拱是格雷罗人发明的，而非玛雅人。

无论谁最早发明了实拱，是玛雅人应用了它，并使之成为其建筑的典型特征。

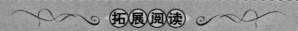

人民英雄纪念碑

人民英雄纪念碑位于中国首都北京天安门广场的中心。1949 年 9 月 30 日，中国人民政治协商会议第一届全体会议决定，为了纪念在人民解放战争和革命中牺牲的人民英雄，在首都北京建立人民英雄纪念碑。当天下午 6 时，出席中国人民政治协商会议的全体代表，在天安门前广场上举行了建立纪念碑的奠基典礼。后经全国广泛讨论，确定碑型。1961 年，人民英雄纪念碑被中华人民共和国国务院公布为第一批全国重点文物保护单位之一。

第四章 古玛雅的文明成就

建筑的阶段性变化

古玛雅建筑风格和宗教仪式随着时间的推移而不断变化。有些变化是地区性的，有些则是阶段性的，但无论怎样，这些变化都具有玛雅的特性——至少在低地地区。

前古典期晚期

前古典期晚期，人们公开将有关宗教和宇宙主题的事物展现出来，南部地区的玛雅人将这些场景雕刻在石柱上，如太平洋海岸的伊萨帕，而低地地区的人们则将巨型的神面具粉饰于建筑物正面的阶梯两侧。在一些地区，这种粉饰而成的神面具成了一种巨型的艺术作品，如佩滕地区的埃尔米拉多尔、伯利兹地区的塞罗斯和北部低地地区的雅克苏纳。

埃尔米拉多尔的神面具约 10 米

↑带神面具的建筑

宽，5 米高，2～3 米纵深。一些艺术史家认为，建筑物正面不仅为宗教庆典提供活动背景，这些巨大的神像也是人们敬献供品的对象。

古典期

在古典期，低地地区绝大部分建

筑物上的装饰仅局限于檐口和檐壁的少许雕刻，以及壁柱、屋脊的精细设计。这些装饰有些是粉饰而成的，有些则是浅浮雕雕刻或马赛克。建筑物上的统治者形象越来越多，但是在尤卡坦古典期晚期建筑物上经常用几何风格的图案来装饰。另外，向神献祭的形式也发生了变化。有些艺术史家猜测，此时大型陶制香炉开始被制作成神的形状，并以其便携性逐渐取代了前古典期的建筑物外墙。对统治者的崇拜最早起源于前古典期晚期的玛雅南部地区，它逐渐取代了以前的宗教仪式。此时，雕刻有人形和象形文字的石柱被大量竖立，如在古典期晚期，王室陵墓都建在仪式中心内，装殓国王尸体的金字塔和神庙上记载着与神化国王相关的主题。

↑ 带石柱的建筑

古典终结期和后古典期

许多考古学家和艺术史家认为此时王权衰落，石柱被其他独立式的雕塑品所取代，金字塔、神庙也很少被建造。奇琴伊察建造了覆有顶盖的柱廊，长 136 米，宏伟异常，在大广场上形成了一处新的公共活动场所；恰克·穆尔神像和美洲豹王座则是此时最常见的独立式建筑形式。西班牙入侵之前，其他尤卡坦城市相互借鉴，并建造出宏伟的羽蛇石柱和层阶金字塔。

在奇琴伊察，尽管许多建筑样式一直持续到后古典期晚期，但建筑规模和工艺水平在不断下降。受奇琴伊察影响最大的地区是加勒比海沿岸。玛雅潘的建筑物入口宽敞，且用柱子支撑，为当时最基础的建筑样式。而独立式神祠、小型宗教建筑等新的建筑样式也逐渐被采用。神祠逐渐取代早期的大型神庙，这些都证明在西班牙入侵之前，玛雅建筑的规模在不断缩小。

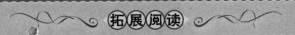

古埃及的太阳神庙

古埃及到了新王国时期（公元前16世纪—前11世纪），太阳神庙代替陵墓成为皇帝崇拜的纪念性建筑物，占有最重要的地位。

庙宇有两个艺术重点：一个是大门，群众性的宗教仪式在它前面举行，力求富丽堂皇，和宗教仪式的戏剧性相协调。另一个是大殿内部，皇帝在这里接受少数人的朝拜，力求幽暗而威严，和仪典的神秘性相适应。门的样式是一对高大的梯形石墙夹着不大的门道。为了加强门道对石墙的体积的反衬作用，门道上檐部比石墙上的高得多。石墙上满布着彩色的浮雕。圆雕也着彩色。这大门的景象是喧闹的、热烈的。皇帝在这里被一套套仪式崇奉为"泽被万物的恩主"。

古埃及崇拜太阳的纪念碑，常成对地竖立在神庙的入口处。其断面呈正方形，上小下大，顶部为金字塔形，也被称为"族碑"常镀合金。高度不等，已知最高者达五十余米，一般修长比为9∶1或10∶1，用整块的花岗岩制成，碑身刻有象形文字的阴刻图案。古埃及的方尖碑后来被大量搬运到西方国家。

建筑风格的区域性差异

　　玛雅各城市在建筑上拥有一些共同的特征，这些特征与采用线形建筑的中美洲城市不同。因为玛雅没有形成罗马那样的中央集权国家，不能决定其他城市的规划和布局，因此玛雅城市的建筑风格和遗址布局有很大差别，这种情形在前古典期中期便有所体现。如恰帕斯遗址和佩滕遗址的城市布局及其建筑也与同时代的奥尔梅克的拉文塔遗址和瓦哈卡的蒙特·阿尔班遗址不同。城市之间的差异既反映出地区自身的发展，也反映出地区

↑罗马帝国建筑

之间的交流。在佩滕东北部地区，建筑物都是东西朝向，这与当时太平洋沿岸和奥尔梅克腹地所盛行的南北向建筑不同。

各地所能获得的建筑材料不同，且喜好也有所差异，因此形成了各自迥异的建筑风格。南部地区缺少易于加工的石头，所以只能建些容易受损的泥土平台和土坯结构或木结构的草棚房屋。太平洋沿岸和南部高地地区缺少建造石拱门的石灰石，有限的石头仅能用于雕塑或建造楼梯等；相反，低地的大部分地区拥有丰富的石灰石，且它们就埋在泥土下面，很容易开采。东南部地区的石头种类也很多，所以他们在雕塑和主体建筑上有更多的选择。低地地区的石质建筑造就了玛雅文明，成为玛雅文明显著的代表。

佩滕建筑风格

蒂卡尔遗址是中部佩滕建筑风格的原型。蒂卡尔遗址有六座高耸入云的金字塔平台，每座平台上都建有一座带独门和屋脊的简单神庙。这种建筑风格的典型特征是它的建筑是用大石块来堆砌的。这种建筑的影响远及卡拉克穆尔北部地区和尤卡坦半岛东部的科巴地区。另外，这种风格的建筑内还有石柱和神坛，横梁、屋脊以

及神庙和王宫正面的上部还装饰着统治者和神形象的浅浮雕。

乌苏马辛塔建筑风格

山岭和丘陵地区的城市充分利用其地理特征，将神庙建在山顶上。如帕伦克和雅克齐兰等乌苏马辛塔遗址还创造性地采用拱顶结构，使其建筑的墙壁更薄，这样就可以在神庙正面建造三个或更多的入口。王宫顶部采用支柱——楣梁的样式，而没有采用圆形拱顶，王宫入口采用多重的类似拱廊的入口。屋脊在乌苏马辛塔和佩滕地区也很常见。帕伦克等遗址还史无前例地发明了粉饰技法，并在桥墩和建筑物墙壁的上部雕刻国王和神的形象，十分精美。大部分遗址都竖立石柱，但帕伦克没有，可是其建筑内部却装饰有精美的雕刻嵌板。

蒲克建筑风格

这种建筑风格起源于尤卡坦西北部的蒲克山脉，古典终结期逐渐影响到北部低地的其他地区，乌克斯马尔遗址则是这一建筑风格的典型代表。这种建筑风格的建筑材料主要是石灰黏合剂，而非碎石，所以这种建筑不

↑蒲克风格的建筑

用依靠厚重的承重墙来加固。实拱也采用同样的方法来加固，这样就形成独立式的大门或入口拱券。建筑物正面镶饰有形态精美的超薄石块，上部则用切割规整的石块来装饰，这与没有任何装饰的下部形成了鲜明对比。建筑物上的装饰物通常为玛雅神，如长鼻子神面具，他曾被认为是雨神恰克，但现在却被视为沃库伯·坎奎克斯，即前古典期晚期玛雅艺术品中经常出现的大鸟神的一种化身。镶嵌作品中还有许多抽象符号：交叉的镶边、格子窗、卷轴和几何形回纹。一些考古学家认为这些几何形镶嵌装饰起源于玛雅以外的瓦哈卡高地。这里的屋脊不像其他玛雅地区那样普遍，但用圆柱相隔的多门结构却很常见，与此同时，独门结构的建筑依然存在。蒲克建筑风格以其高雅见长，因此在20世纪30年代刺激了美国人弗兰克·劳埃德·赖特，使他试图复兴这一建筑风格。

切尼斯建筑风格和里奥·贝坎建筑风格

这两种古典期晚期的建筑风格与蒲克建筑风格有些相似之处，但它们的历史却比蒲克风格的镶嵌和镶饰技术更加悠久。尽管我们在北部低地地区也发现过个别这两种风格的建筑，但它们在尤卡坦半岛南部地区最为普遍，如坎佩切州的齐卡纳和贝坎遗址。这两座遗址很少竖立石柱，也不喜欢在石头上雕刻象形文字文献，但幸存一些彩绘文献。切尼斯风格建筑的上下部分都有精美的马赛克，如代表高山和天空神的怪兽面具，这些面具被装饰在建筑物的入口处，标志着这里是进入玛雅另一世界的入口。邻近地区也有切尼斯风格的建筑，例如受控于切尼斯城的卡拉克穆尔，这座城市有相当一部分此类建筑。另外，人们在北部低地地区也发现了几座切尼斯风格的建筑，如埃克·巴兰和奇琴伊察两处遗址，但这些切尼斯风格的建筑在整座遗址里不是很典型，它们仅代表一种特殊的建筑功能。

里奥·贝坎建筑风格这一名称来自墨西哥州境内的金塔纳罗奥和切尼斯某地的一处遗址。这一建筑风格以其类似王宫的建筑而闻名，顶部建有一些所谓的"伪塔"，之所以这样称呼，是因为这些塔的大门是假的，台阶没有任何功用，塔内也没有任何空间。尽管如此，塔表面装饰着精美的神面具。里奥·贝坎建筑风格的主要目的是为了突出建筑的宏伟，而没有考虑其实际价值。同切尼斯建筑风格不同的是，人们在南部尤卡坦以外的地区并没发现过里奥·贝坎建筑风格的建筑。

奇琴伊察建筑风格

从古典终结期到后古典期早期，

↑玛雅古建筑紧密的构造

奇琴伊察逐渐将一些新的建筑样式和建筑技术引入玛雅。奇琴伊察不仅有许多蒲克风格的神庙和卫城样式的建筑，还有其他建筑样式。有人说，当时奇琴伊察可能有外族入侵，但考古学家确信该地的建筑特点及技术仍属于玛雅。奇琴伊察建筑有带顶的廊柱，支柱——楣梁式的能开三个大门的神庙。另外，奇琴伊察建筑风格还融合了蒲克风格的长鼻子神面具和切尼斯风格的正面装饰，以及巨型蛇圆柱和成千上万雕刻着武士、祭司和其他显贵的浮雕图案。前古典期中期的圆形建筑此时又被重建，并被改建成天文观象台。在诸如玛雅潘和图卢姆等北部低地地区，建筑上的创新一直被保留到后古典期。

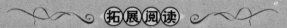

拓展阅读

欧陆建筑风

"粉红色外墙，白色线条，通花栏杆，外飘窗台，绿色玻璃窗"，这种所谓欧陆风格的建筑类型，主要以古希腊、古罗马艺术符号为特征，反映在建筑外形上，较多地出现山花尖顶、饰花柱式、宝瓶或通花栏杆、石膏线脚饰窗等处理方式，具有强烈的装饰效果，在色彩上多以沉闷的暗粉色及灰色线脚相结合。另外，这类建筑继承了古典三段式的表象特征，结合裙楼、标准层及顶层、女儿墙加以不同的装饰处理。

玛雅建筑的种类

迄今为止，人们对一些玛雅建筑的功能还不甚了解。但是那些简易的小房子，尤其是半圆形建筑形状特殊的球场还是很容易分辨的。毕竟在西班牙入侵后它们仍被使用。如果想辨别出王宫、神庙、天文观象台、议事厅或专门的仪式性建筑群，就需要花一段时间来对其进行分类和整理，这项工作仍在进行。一些大型壁画和花瓶上的叙述性场景，为人们提供了一些建筑的功能，如跳舞时所用的平台。另外，人种史学方面资料也有关于球赛和宗教庆典的内容，这些资料有助于人们理解玛雅人是如何运用广场和神庙的。

象形文字、大型壁画和雕刻有助于人们辨别建筑的功能及其象征意义。"席子符号"是统治者王权的象征，科潘议事厅的檐板上就有这种王权符号和该城的各种世袭符号。在为建筑物

命名时，人们通常以建筑物上的名字来为它们命名，如坟墓或球场。但当建筑上的象形文字文献中有此建筑（尤其是上等住宅）的名称时，也难免会产生一些误导，例如一处所谓的统治者住宅，实际是他的王座室。假如建筑物上没有象形文字名称，对其辨别将会更加困难。另外，还有一些建筑物上出现的名字可能是人物名称，这种称呼是特定区域所独有的，不具普遍性。如帕伦克王宫中的王座室被称为"白色的大房子"，这个名称在其他城市的相应位置却没有找到。

神庙

神庙有时被称作"神的住所"，它们通常建在该区域中最高的金字塔平台上。在用石头建造神庙之前，神庙只不

←玛雅神庙

过是一处建在低矮平台上的茅草屋，甚至当神庙的墙壁改用石头建筑后，其屋顶仍用草铺建，这种情况直到前古典期晚期采用实拱后才有所改变。古典期，墙壁上下部通常用线脚或雕刻檐壁分开。

在屋顶建造屋脊或高高的格子窗，这不仅能够增加神庙的高度，还能保持拱顶中部的平衡，并且屋脊还能用于雕刻，普通百姓从很远的地方就能看到。古典期晚期，为了缅怀一位死去的统治者，他们在蒂卡尔神庙的屋脊上雕刻着这位统治者加冕时的场景，以便光耀千古。

神庙中通常有 1~3 个敬奉重要神灵的房间，这些被敬奉的神灵是城市的保护神及强大的祖先神灵。神庙后部的壁龛和小屋子是神祀，它们在象形文字中称作"瓦伊比尔"，或"陂卜纳"（出生地）。这里是神或祖先的居住地，也是他们现身显灵的地方。

神庙的装饰物中经常描绘在神庙中所举行的宗教仪式。神庙里的文献或者赞颂埋葬在此神庙下的统治者，或者赞颂保护神。在奇琴伊察，神庙的浅浮雕中描绘一种在神庙内举行的放血仪式，而象形文字文献则记载神庙中所举行的宗教仪式，如建筑的敬献仪式或焚烧熏香。

神祠

在后古典期晚期的北方低地地区，神祠逐渐取代了金字塔神庙原有的地位。实际上，神祠是建于低矮平台上的小石屋，很像早期的神庙。神祠上通常没有精美的浮雕装饰和屋脊，但里面经常盛放有诸神形状的陶

↑玛雅皇宫一角

建筑建造于不同的平台之上，这些平台高度不同，这种样式更符合当时上层人士的喜好。同高耸入云的金字塔神庙相比，王宫建筑比较低矮。另外，根据王宫内居民的特点，他们经常建造暗门，以限制人员出入。

制器皿，这些器皿可能用于焚烧熏香。神祠没有金字塔神庙宏伟，但它的数量很多，在贵族住宅和其他居所内都能找到。在一些地区，神祠建有"伪后墙"，因为祭司躲藏在墙后，代替诸神发布神谕。1847年，尤卡坦的喀斯特战争爆发后不久，加勒比海岸的反叛者就在一座预言十字架的神祠内进行祈祷。

玛雅卫城内的个别建筑还建有屋脊。

长期以来，考古学家不断考察王宫和贵族住宅的功能，这些建筑不仅规模不同，在城中的位置也不同。西班牙入侵者赫尔南·科尔特斯曾记载过一座帕伦克王宫，整座王宫共有五个庭院，庭院周围建有许多房子，其间有井以及仆人、奴隶的居所。从这座王宫的废墟上我们可以看出，它曾是座综合建筑群。王宫内的许多房间里都有休息用的石制长椅。墙壁上还有挂窗帘的孔洞，以便保护隐私。另外，我们还发现帕伦克王宫的三个卫生间和地下管道，依靠这些管道可以将水输往王宫的不同地方。蒸汽浴室通常建造在王宫周围或王宫内。总之，整座建筑地处中心的优越位置，内部所装饰的精美雕刻品

王宫和卫城

王宫和卫城通常沿着遗址内最重要的广场的一侧建造。王宫通常环庭院而建，并采用排列结构和多重房间的建筑风格，其地基通常是宽阔而高度适中的基台。尽管卫城内的建筑实际上是王室或贵族的居住地，但这些

以及舒适的环境都证明这座建筑就是一座王宫。

真正的王宫应该有一个王座室，并且与排列风格的贵族住宅存在明显不同。目前，我们通过对一些象形文字文献的释读已确认出一些王宫遗址，如在帕伦克，一个石制长椅上放置的椭圆形石板表明至少有一位国王曾在此继位。还有文献表明他的继承人也曾在此继位。考古学家在皮德拉斯·内格拉斯王宫废墟上还发现了一个破损的王座。

此外，玛雅壁画和古典期晚期的花瓶上也有王宫场景。这些王宫场景中还有王宫的居住者，他们正在参加献祭仪式，庆祝战争胜利，这些人周围还有一群扈从。另外，上面绘有曾经装饰王宫的珍贵物件，如枕头及宫内所悬挂的棉织品。

古典期早期，统治者死后被埋葬在卫城下的拱形坟墓里。在科潘遗址，考古学家发掘出一处王朝建立者的陵墓，这里在随后的 400 年内一直是该王室的墓地。在前古典期晚期和早古典期，蒂卡尔的北卫城逐渐成为受人崇拜的大型王族陵墓。直到 7 世纪后，统治者才被埋葬在场内的金字塔神庙下，此时贵族仍继续将自己埋葬在自家的住宅下面。

球 场

长期以来，球场一直被认为是中美洲的建筑样式，而非玛雅独有。我们所知玛雅地区最早的球场是在索科诺斯库的恰帕斯地区发现的，建筑时间大约为公元前 1400 年。中美洲一直有建造球场的习惯，历经千年之久，直到西班牙入侵时，一直没有停建过。尽管球场是中美洲的一种建筑样式，但并非在每个地方都能找到，尤其在特奥蒂瓦坎的墨西哥城，那里根本就没有球场。然而，从太平洋沿岸到北部低地地区的玛雅人却非常喜欢建造球场。

球场的基本结构是由两堵互相平行的高墙和中间一个球场组成。球场样式并非一成不变，它曾经历过一次重大变革，最终使它的两端呈 I 形。有些球场的一侧建有长椅（所谓的长椅），而中心和四周墙上都刻有与斩首和创世神话相关的符号与标记。由于球赛中所纪念的神话仪式同玛雅下界相关，所以球场通常建筑在垂直的建筑物的脚下，或者建造在比较低洼的区域，从而表明这里是通往下界的入口。在古典终结期（公元 800 年至 1000 年），玛雅人曾建造了大量球场，仅奇琴伊察就有 13 座，其中一座是人们目前所知最大的，长 156 米。后古典期晚期，球场在危地马拉高地的乌塔特兰和伊西姆切地区非常普遍，但此时北部低地地区却没有建造球场。从本质上看，球场同统治阶级和宗教仪式相关，随着西班牙殖民者的入侵，玛雅的人们就不再建造球场了。

平 台

平台样式各不相同，既有用来建筑普通房屋的基台，也有像蛋糕形状多层或阶梯状的平台。一些重要遗址里的平台大都 30 多米高，埃尔米拉多尔地区丹塔遗址中的平台是目前所知玛雅地区最高的平台，高达一百多米。平台坚固耐用，中间用碎石填充，外部正面都装饰着规整的石块和石灰泥。大多数四边形平台外都砌有通向入口和顶端的高度适中的阶梯，共有 4 个，而且平台每侧都有。平台上还装饰有与该建筑和内部陵墓相关的雕刻和粉饰面具。

广 场

广场通常是高于地面的长方形场所，上面立有神坛和石柱，且表面铺

↑带有大广场的玛雅建筑

有平整的石块，广场周围是王室居住地和仪式场所。广场虽然只占贵族居住地或卫城的一部分，但它是玛雅人举行公共仪式的场所。

萨克比奥布在尤卡坦玛雅人中指"白色道路"，是高出地面的灰泥堤道。有时，在中美洲的其他遗址中也能发现这种建筑，但数量有限。萨克比奥布内部用碎石填充，表面镶饰着白色的石灰黏合剂和粗糙的石块。堤道的高度从 0.5 ~ 2.5 米不等，长度和宽度的差异则更大。目前所知最古老的萨克比奥布建于前古典期中期，位于纳克贝城。这些堤道有时被看成是城市中心的一条仪式性通道，它们将城市中心和城市的其他地方连接起来，如卡斯蒂洛和圣井之间的那条堤道。

城镇与城镇之间有时也用堤道连接，这可能表明它们是同盟关系，或者其中某座城市处于支配地位。考古学家猜想堤道不仅可以帮助民兵迅速穿过森林平息叛乱，而且还有利于货物运输。前古典期，埃尔米拉多尔就用这样的道路来连接边远的城市，古典期的卡拉科尔也是如此。到古典终结期，科巴和北部尤卡坦的雅克苏纳之间建造了一条目前所知最长的堤道。

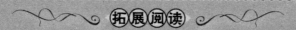

拓展阅读

中国的寺庙建筑

寺庙是中国佛教建筑形式之一。起源于印度的寺庙建筑，从北魏开始在中国兴盛起来。这些建筑记载了中国封建社会文化的发展和宗教的兴衰，具有重要的历史价值和艺术价值。

中国古人在建筑格局上有很深的阴阳宇宙观和崇尚对称、秩序、稳定的观念。因此中国佛寺融合了中国特有的祭祀祖宗、天地的功能，是符合中国传统平面方形、南北中轴线布局、对称稳重且整饬严谨的建筑群体。此外，园林式建筑格局的佛寺在中国也较普遍。这两种艺术格局使中国寺院既有典雅庄重的庙堂气氛，又极富自然情趣，且意境深远。

第四章　古玛雅的文明成就